学悟论语智慧

主　编　李　菲
副主编　丁乐奕

重庆大学出版社

图书在版编目(CIP)数据

学悟论语智慧/李菲主编. -- 重庆 : 重庆大学出
版社, 2024. 8. -- ISBN 978-7-5689-4724-4

Ⅰ. B222.25

中国国家版本馆 CIP 数据核字第 202450BP96 号

学悟论语智慧

XUE WU LUNYU ZHIHUI

主　编　李　菲
副主编　丁乐奕
责任编辑:黄菊香　　　版式设计:陈　曦
责任校对:刘志刚　　　责任印制:张　策
*
重庆大学出版社出版发行
出版人:陈晓阳
社址:重庆市沙坪坝区大学城西路 21 号
邮编:401331
电话:(023)88617190　　88617185(中小学)
传真:(023)88617186　　88617166
网址:http://www.cqup.com.cn
邮箱:fxk@cqup.com.cn(营销中心)
全国新华书店经销
重庆天旭印务有限责任公司印刷
*
开本:720mm×1020mm　1/16　印张:9　字数:126 千
2024 年 8 月第 1 版　　2024 年 8 月第 1 次印刷
ISBN 978-7-5689-4724-4　定价:30.00 元

主编简介

　　李菲,男,博士,教授。现任襄阳职业技术学院院长,兼任湖北省职教学会副会长、湖北省职教专家委员会副主任、湖北省督学、湖北省教材委员会专家委员、国家特约教育督导员、教育部图书情报教指委高职分委会副主任。

　　发表论文200余篇,出版《理性的教育》《感悟教育》《适合的教育》等专著。主持教育部和省级重点课题10多项,获国家教学成果二等奖1项、湖北省高等学校教学成果一等奖2项、湖北省科技进步奖三等奖1项。先后被评为"全国职业教育先进个人""全国优秀教育工作者""黄炎培职业教育杰出校长"。

前　言

　　中华优秀传统文化是我们坚定文化自信的根脉和底气,而儒家文化则是中华优秀传统文化的代表。学习传承儒家文化应从《论语》开始,虽然《论语》多为语录,但辞雅义丰,形象生动,语言简练,意蕴深远。《论语》被列为"四书"之首,比较集中地体现了孔子及儒家学派的政治主张、伦理思想、道德观念、教育原则等。国学大师钱穆有言:"我认为,今天的中国读书人,应负两大责任。一是自己读《论语》,一是劝人读《论语》。"学习《论语》有多种方法,通常采用字词句释义来学习。当代青年学生更应该学习体悟的是《论语》中蕴含的智慧,明白一些做人、做事、做学问的基本道理,如怎么学习、怎么做人、怎么交友、怎么工作、怎么做老师、怎么做管理、怎么健康生活、怎么保持快乐、怎么保护生态环境、怎么修养品格等,从而增长人生智慧、增强文化自信,自觉学习和传承中华优秀传统文化,激发为实现中华民族伟大复兴而勤奋读书的责任担当。这些年来,我们在师范类专业为大学生开设了"学悟论语智慧"这门校本课程,旨在以一种新颖的方式解读《论语》。该课程采用"预习式自学—集中式讲授—思考式阅读—微论坛式分享"的综合教学方法,有效吸引了大学生广泛参与,使他们的学习积极性高涨,达到了预期教学目标和效果。经过几年的教学实践、改进与积累,我们有了一些新体会。现在,我们把课程讲义系统化,形成一本可以作为校本课程的教材。这本教材由李菲负责统筹谋划、文字撰写和统稿,由丁乐奕负责文字校核。

教材建设是一项长期的、复杂的、动态的系统工程。我们将不忘初心,继续努力,认真总结教学经验,广泛听取意见建议,深入开展探索研究,不断提升本教材的质量。

李　菲

2024 年 6 月 24 日

目　录

孔子简介

孔子(公元前551年—公元前479年),子姓,孔氏,名丘,字仲尼,祖籍宋国栗邑(今河南省商丘市夏邑县),生于春秋时期鲁国陬邑(今山东省曲阜市)。孔子是中国古代著名的思想家、教育家、政治家,被联合国教科文组织评为"世界十大文化名人"之首。

孔子三岁的时候,父亲病逝,家境陷于贫寒。孔子极为聪明好学,二十岁时知识就非常渊博了,被当时人称赞为"博学好礼"。相传孔子继承了父亲叔梁纥的英勇,臂力过人,并非后世一些人认为的文弱书生的形象。

孔子青年时代曾做过"委吏""乘田",事无大小,都能做到近乎完美。由于具有超凡的能力、学识和政绩,孔子不断得到提拔。五十一岁的时候,孔子被任命为中都宰,政绩非常显著;一年后升任司空,后又升任大司寇;五十六岁时,又升任代理宰相,兼管外交事务。孔子升迁非常快,也招来了一些非议。后来,孔子主动辞去职务,率弟子周游列国,前后长达十四年。孔子晚年回到鲁国后,专注于文化教育,培养年轻一代。

孔子在中国历史上开创了平民教育,修《诗》《书》,定《礼》《乐》,序《周易》,作《春秋》,一生致力于文化传承,钟爱教育。相传孔子有三千弟子,其中贤人七十二人。孔子去世后,其弟子及其再传弟子把孔子及其弟子的重要言行语录和思想记录下来,整理编成儒家经典《论语》。

孔子创立的儒家学派及其思想对中国和世界都有深远的影响。在古代,孔子被尊奉为"天纵之圣""天之木铎",被尊为孔圣人、至圣先师、万世师表。在当代,孔子的学说已经成为中国传统文化的代表之一。

《论语》简介

  《论语》是我国第一部以记言为主的语录体作品,由孔子弟子及再传弟子编写而成,成书于战国前期。全书共 20 篇 492 章,以语录体为主、叙事体为辅,主要记录孔子及其弟子的言行,比较集中地体现了孔子的政治主张、伦理思想、道德观念、教育原则等内容。

  《论语》的篇名,通常取开篇前两个字。若开篇前两个字是"子曰",则跳过取句中的前两个字;若开篇前三个字是一个词,则取前三个字。《论语》的主要特点是语言简练、形象生动,但风格独特、用意深远。

  《论语》的核心思想是"仁",比较完整地反映了孔子为政以德、仁者爱人的政治思想,诚信处世、智慧生存的人道思想,有教无类、因材施教的教育思想,积极乐观、安贫乐道的人生态度等。可以说,《论语》是一部人生百科全书。

  《论语》的影响遍及中华民族的各个方面。南怀瑾先生在《论语别裁》中曾言:"孔子学说与《论语》本书的价值,无论在任何时代、任何地区,对它的原文本意,只要不故加曲解,始终具有不可毁、不可赞的不朽价值。"20世纪 80 年代末,75 位诺贝尔奖获得者相约法国巴黎,联袂宣言:"如果人类要在 21 世纪生存下去,必须回到 2500 年前,去汲取孔子的智慧。"足见《论语》对中国和世界的深远影响。

  《论语》作为儒家学派的经典著作,与《大学》《中庸》《孟子》并称为"四书",再加上《诗》《书》《礼》《易》《春秋》,总称"四书五经"。

《论语》里的学习之道

　　人为什么要学习,似乎是一个不需要回答的问题,但每一个人都有自己的思考,也都有各自的答案。人是一种智慧生物,但人的智慧并不是与生俱来的,而是通过后天不断地学习得到的。学习是人类进步的原动力,人类之所以能够创造出现代文明,是因为一直不断学习。自古以来,学习是一个人实现自我价值的必要手段,是每一个人终其一生的任务。

　　《论语》蕴含着很多关于学习的思想智慧。学悟《论语》,我们应当明白以下一些道理。

　　通过学习,人得以自立。

　　勤勉学习,就能学有所得。

　　掌握学习方法,就会学得更好。

　　使用也是学习,要做到学以致用。

　　养成终身学习习惯,达到乐学无倦。

孔子曰："生而知之者,上也;学而知之者,次也;困而学之,又其次也;困而不学,民斯为下矣。"(《论语·季氏》)

【释义】

孔子说："生下来就懂得知识和道理,是上等的人;通过学习而求得知识,是次一等的人;感到困惑才学习的人,是又次一等的人;感到困惑仍然不学习,这样的人就是下等人了。"

子曰："我非生而知之者,好古,敏以求之者也。"(《论语·述而》)

【释义】

孔子说："我不是生下来就有知识的人,而是喜好古代文化,勤奋敏捷地去求取知识的人。"

子曰："古之学者为己,今之学者为人。"(《论语·宪问》)

【释义】

孔子说："古人学习的目的是提高自己的学问,修养自己的道德,现在的人学习的目的是向别人炫耀。"

【感悟】

(1)**人靠学习而成长**。学习伴随人的一生。人从出生就开始了学习历程,如学吃饭、学说话、学走路、学知识、学交流、学做人、学技术等等。

(2)**人靠学习而自立**。要学习生活常识,学习生存技能,学习为人处世的道理,学习做事的方法技能等,学习让人得以自立,成为一个真正的人。正如《三字经》所言:"玉不琢,不成器。人不学,不知义。"

(3)**学习可以改变人生**。人的资质是有差异的,这是客观存在的,但是后天的学习可以弥补不足,可以改变人生。英国哲学家弗朗西斯·培根在《论读书》中指出:"读史使人明智,读诗使人灵秀,数学使人周密,科学使人深刻,伦理学使人庄重,逻辑修辞之学使人善辩:凡有所学,皆成性格。"人掌握了知识,可以积累力量;人积累了力量,可以改变命运。

(4)**学习要志存高远。**人有了理想,就有了动力;有了目标,就有了方向。北宋思想家、教育家、理学创始人之一张载提出"为天地立心,为生民立命,为往圣继绝学,为万世开太平",这四句简洁而富有哲理的话语,被称为"横渠四句",对中国社会产生了深远影响。学生时代的周恩来提出"为中华之崛起而读书",新时代的大学生应当树立"为中华民族伟大复兴而读书"的理想。

(5)**学习要脚踏实地。**学习之路没有捷径可走,来不得半点虚假,只有一步一个脚印,实实在在地学,积少成多地学,由近及远地学,学习之路才会通畅。

二、学靠勤勉

叶公问孔子于子路,子路不对。子曰:"女奚不曰:其为人也,发愤忘食,乐以忘忧,不知老之将至云尔。"(《论语·述而》)

【释义】

叶公向子路询问孔子是怎样的人,子路没有回答。孔子说:"你为什么不告诉他,他这人呀,发奋追求学问,专心致志到了忘记吃饭的程度,沉醉于学有所得的快乐而忘记了忧虑。连自己快要老了都不知道,如此而已。"

子曰:"学如不及,犹恐失之。"(《论语·泰伯》)

【释义】

孔子说:"学起来就好像总怕赶不上,害怕学到了又丢掉。"

【感悟】

(1)**学习要端正态度。**孔子的"三忘"(忘食、忘忧、忘老)为中国人树立了勤敏好学的光辉典范。人的知识不是与生俱来的,必须靠后天勤奋学习才能拥有。天道酬勤,一勤天下无难事。在中国传统文化中,劝学是一道亮丽的风景。如唐代颜真卿的《劝学》:"三更灯火五更鸡,正是男儿读书时。黑发不知勤学早,白首方悔读书迟。"又如唐代韩愈的《古今贤文·劝学》:"书山有路勤为径,学海无涯苦作舟。"再如宋代汪洙的《勤学》:"学向勤中得,萤窗万卷书。三冬今足用,谁笑腹空虚。"这些劝学名言告诉人们一个基本道理:不下苦功夫,哪有真学问。

(2)**学习要专心持恒。**学习不是一蹴而就的事情,而是一个厚积薄发的过程。学习绝不能三心二意,只有专心致志,把心思集中在学问上,才能事半功倍。学习要持之以恒,一个人学习一阵子容易,长年累月地坚持学习不容易,切忌"三天打鱼,两天晒网"。明代胡胥仁有一副对联"苟有恒,何必三更眠,五更起;最无益,莫过一日曝,十日寒",对联非常形象地警醒人们学习要持之以恒。

(3)**学得快是一种核心竞争优势。**《学习的革命》(1998年12月上海三联书店出版,作者是美国的珍妮特·沃斯和新西兰的戈登·德莱顿)是一本有关学习方法的畅销书,强调应该学会"怎样学",要在最短的时间内获得最大效益和最佳结果,因为学得快是一种核心竞争优势。

三、学贵得法

1.学思结合

子曰:"学而不思则罔,思而不学则殆。"(《论语·为政》)

【释义】

孔子说:"只学习而不思考,就可能迷惘无所得;只是思考而忽视学习,就会陷入精神的疲怠。"

【感悟】

(1)**培养思考的习惯**。爱因斯坦有句名言"学习知识要善于思考,思考,再思考"告诉我们要重视思考,要反复思考。当我们遇到难题时,思考可以帮助我们找到新的解决方案,从而克服困难并取得成功。

(2)**学思结合效果好**。近代著名学者胡朴安认为:"千古读书方法之善,当首推孔子。"孔子读书方法很多,尤为人们称道的是"四结合"读书法:学与思结合、学与问结合、学与习结合、学与行结合。其中,学思结合是孔子关于学习心理的重要观点。学与思相辅相成,同等重要,不可偏废,学包括思,思衬托学。学思结合,在学习中思考,在思考中学习。

2. 学练结合

子曰:"学而时习之,不亦说(yuè,通悦)乎?"(《论语·学而》)

【释义】

孔子说:"学到的东西按时去温习和练习,有什么能比这更令人感到喜悦的呢?"

子与人歌而善,必使反之,而后和之。(《论语·述而》)

【释义】

孔子与人唱歌,如果唱得好,一定让人反复咏唱,然后再跟着唱。

【感悟】

(1)**学习要与实践相结合**。实践可以检验所学,实践出真知。练习是直接的实践,学练一体,只有反复学练,才会熟能生巧。

(2)**养成虚心好学的习惯**。人生在世,要学的东西很多,学知识、学技能、学做人、学做事等。虚心使人进步,好学增加智慧。

3. 温故知新

子曰:"温故而知新,可以为师矣。"(《论语·为政》)

【释义】

孔子说:"重温之前学过的知识,能够有新的体会、悟出新的意义,这样的人就可以当老师了。"

【感悟】

（1）**复习可以巩固所学**。艾宾浩斯遗忘曲线生动地告诉我们,学后必须及时复习,否则遗忘得很快。

（2）**复习可以拓展新知**。复习所学的东西,进行深入的思考,往往会有新的体会和新的收获。

4. 举一反三

子谓子贡曰:"女与回也孰愈?"对曰:"赐也何敢望回? 回也闻一以知十,赐也闻一以知二。"子曰:"弗如也,吾与女弗如也。"(《论语·公冶长》)

【释义】

孔子对子贡说:"你和颜回,谁更强一些?"子贡答道:"我怎么敢和颜回相比呢? 颜回呀,听到一件事能知道十件事;我呢,听到一件事只能知道两件事。"孔子说:"不如他啊,我和你都不如他啊!"

【感悟】

（1）**举一反三才算学会**。学习知识能够由此及彼、举一反三、触类旁通,才算真正地学会学好。

（2）**文人相轻不可取**。文人相轻是一种不良习气,现代学者应当革除。《老子》中有句话,"知人者智,自知者明",值得我们好好体悟。

5. 博约相济

子曰:"君子博学于文,约之以礼,亦可以弗畔(pàn,通叛)矣夫!"(《论语·雍也》

【释义】

孔子说:"君子广泛地学习历史文献,用礼仪来规范自己,其言行也就不至于离经叛道。"

【感悟】

(1)**学习要由薄变厚**。学习要广泛,多闻多见多问多行,实现由少到多、由薄变厚。清末文人张之洞主张读书要做到"三贵":贵博、贵精、贵通。他认为"通贯大艺,斟酌百家","博、精、通"就融会其中了。"博、精、通"三者互相影响、互相作用,是不可分割的。"从善弃援,是之谓通"既是"三贵"的结果,也是读书的目的。

(2)**学习要由厚变薄**。"博"可理解为博览群书,从多种途径广泛获取知识和技能,"约"就是以求学要旨来引导学。学要有主旨,以"礼"作为主线和要领引导学,对博学的内容进行综合概括,提纲挈领地把握,实现由多到少、由厚变薄。清代学者焦循说:"学贵善用思。吾生平最得力于'好学深思,心知其意'八字。"勤奋读书是谓"好学",反复进行由表及里的思考是谓"深思",完全融会贯通了所学的知识是谓"心知其意"。

四、学以致用

子曰:"诵诗三百,授之以政,不达;使于四方,不能专对;虽多,亦奚以为?"(《论语·子路》)

【释义】

孔子说:"背诵《诗经》三百首,交给他国家政务,却不会治理;让他出使到其他诸侯国,又不能独立地应对;那么,读得虽多却不会运用,又有什么用呢?"

【感悟】

(1)**运用是更好的学习**。人要会学习,更要会运用。毛泽东在《中国革命战争的战略问题》(1936年12月)中指出:"读书是学习,使用也是学习,而且是更重要的学习。"宋代诗人陆游的《冬夜读书示子聿》说道:"古人学问无遗力,少壮工夫老始成。纸上得来终觉浅,绝知此事要躬行。"这些都告诉我们,运用是更好的学习。

(2)**活学活用才有意义**。只会死读书,不会实践运用,一般是无用之人;只会生搬硬套,不会灵活应用,一般是失败之人;只会奉行教条,不会结合实际,一般会造成损失。历史上,赵括的纸上谈兵和马谡的言过其实,都是非常有名的反面典型。

五、乐学无倦

子曰:"知之者不如好之者,好之者不如乐之者。"(《论语·雍也》)

【释义】

孔子说:"对于任何事情都了解的人不如对学习有兴趣爱好的人,有这种兴趣爱好的人不如以学习为乐趣的人。"

【感悟】

(1)**学习要有好的态度**。只有学而不厌,才能学有所得。毛泽东在《中国共产党在民族战争中的地位》(1938年10月)中指出:"学习的敌人是自己的满足,要认真学习一点东西,必须从不自满开始。对自己,'学而不厌',对人家,'诲人不倦',我们应采取这种态度。"

(2)**学习要有好的境界。**人的学习有苦学、会学、好学、乐学几种境界。苦学者,认为学习是被迫行为,是一件苦差事。会学者,掌握了学习方法,成为学习的主人。好学者,学习兴趣浓厚,学起来如饥似渴。乐学者,学出了高兴,学出了快乐。

(3)**人生要有好的追求。**无论做什么事情,认知的不如会做的,会做的不如爱好的,爱好的不如以此为乐的。

内容小结

《论语》告诉我们的学习之道:学以自立、学靠勤勉、学贵得法、学以致用、乐学无倦。

思考讨论

程子曰:"博学、审问、慎思、明辨、笃行,五者,废其一,非学也。"请谈谈你的理解。

延伸阅读

1. 儒家思想的核心载体

四书:《论语》《孟子》《大学》《中庸》。

五经:《诗》《书》《礼》《易》《春秋》。

六艺:礼、乐、射、御、书、数。

2. 科举制

因采用分科取士的办法,所以称为科举。科举制具有分科考试、允许自由报考和主要以成绩定取舍等三个显著的特点。科举制从隋朝大业年间(605—618年)开始实行,到清朝光绪三十一年(1905年)举行最后一科进士考试为止,经历了约1 300年。

描写科举金榜题名的诗句很多,如"不是一番寒彻骨,怎得梅花扑鼻香"

"十年窗下无人问,一举成名天下知""我本将心向明月,奈何明月照沟渠"。

3. 赵括纸上谈兵的故事

典故出自司马迁的《史记·廉颇蔺相如列传》,发生于公元前262年。赵括从小就学习兵法,评论兵事,认为天下没有和他相当的人。赵括曾经和他的父亲赵奢评论兵事,赵奢虽不能够驳倒他,但是并不表扬他。赵括的母亲问赵奢个中原因,赵奢说:"打仗,是危险的场合,而赵括太草率地讨论它了。赵王不让他当将军就罢了,假如一定要让他当将军,使赵军失败的人肯定是赵括。"后来,赵王要起用赵括,接替廉颇当将军。赵括母亲上书给赵王说:"不可以让赵括做将军。"赵王说:"为什么?"赵括的母亲将他父亲的话告诉赵王。赵王说:"您就把这事放下别管了,我已经决定了。"赵括的母亲接着说:"您一定要派他领兵,如果他有不称职的情况,我能不受株连吗?"赵王答应了。赵括代替了廉颇以后,完全改变了原有的纪律和规定,撤换了原来的军官。秦国的将军白起听说以后,派出变化莫测的部队,假装打败退却,断绝赵军的粮道,将赵军一分为二,使赵军士气不能统一。被困四十多天,赵军非常饥饿。赵括亲自带领精兵搏战,被秦军用箭射死。四十多万赵军最终全数覆没。

4. 马谡言过其实的故事

关于"纸上谈兵",人们往往就会想到战国时期赵国大将赵括,葬送了四十多万赵军。其实,要说"纸上谈兵"者,三国时蜀国大将马谡,堪称"当之无愧"、言过其实的典范。马谡,字幼常,襄阳宜城(今湖北省宜城市南)人,是蜀汉侍中马良的弟弟。要在当时而论,马谡兄弟五人皆小有名气,并称为"马氏五常"。尤其是马谡,喜好议论军事谋略,不但丞相诸葛亮对他深为器重,同时也备受刘备倚重,对他委以重任。刘备平定西蜀后,马谡先后任绵竹县令、成都县令和越嶲太守。但是,刘备却在白帝城托孤时称"马谡言过其实,不可大用"。但诸葛亮忘了先帝的提醒,重用了马谡,结果马谡第一次为将就导致蜀军大败,进而上演了一场诸葛亮挥泪斩马谡的大戏。

《论语》里的做人之道

《东方小故事》主题曲《人》的歌词写道："一撇一捺写个人，一生一世学做人。打开历史的书，点亮信念的灯。东方的美德，东方的精神，当一个堂堂正正的人。"现代社会，关于做一个什么样的人，人们可以列出很多关键词，如孝顺、善良、守信、宽容、诚实、谦虚、正直、执着、乐观、厚道等等。自古以来，受中华优秀传统文化教育和浸润的中国人，都希望做一个堂堂正正的人。那么，《论语》告诉了我们哪些做人的道理呢？

做人，以孝悌为本。

做人，以诚信立身。

做人，应修德徙义。

做人，应行以忠恕。

做人，要严己宽人。

做人，要思贤向善。

有子曰:"其为人也孝弟(tì,通悌),而好犯上者,鲜矣;不好犯上,而好作乱者,未之有也。君子务本,本立而道生。孝弟也者,其为仁之本与!"(《论语·学而》)

【释义】

有子说:"做人,在家能够孝顺父母,尊敬兄长,那么喜欢冒犯长辈和上级,这样的事是很少有的;能够尊奉师长,却喜欢违法乱纪,是从未有过的。有德行的人,专心致志于修养,平时居家孝悌,一丝不苟,日积月累,那么其良好的德行就自然而然地养成了。因此,孝敬父母、友爱兄弟,这就是'仁'的根本啊。"

子曰:"弟子入则孝,出则弟,谨而信,泛爱众,而亲仁。行有余力,则以学文。"(《论语·学而》)

【释义】

孔子说:"教育弟子,居家要孝敬父母,在外要敬重尊长,做事谨慎诚信,博爱众人,亲近有仁爱之心的人。剩余的精力和时间,致力于学习典籍文章,提高修养。"

【感悟】

(1)**做人以孝悌为本**。人生在世,只有做人是一辈子的事,也是第一位的事情。正所谓"德行,本也。文艺,末也。"

(2)**百善以孝为先**。俗话说,百善孝为先,立身又以孝为本。唐代诗人孟郊的《游子吟》:"慈母手中线,游子身上衣。临行密密缝,意恐迟迟归。谁言寸草心,报得三春晖。"孔子的学生子路百里负米、子骞芦衣顺母,都生动地体现了以孝为先的德行。

（3）**以孝悌治理天下**。孝悌不仅是修身的根本，也是齐家、治国、平天下的根本。历史上，贤明的大臣常用"圣朝以孝治天下"来劝谏君主，就是这个道理。

✎ 二、诚信立身

子曰："人而无信，不知其可也。大车无輗（ní），小车无軏（yuè），其何以行之哉！"（《论语·为政》）

【释义】

孔子说："人要是失去了信用或不讲信用，不知道他还可以做什么。就像大车没有车辕与轭相连接的木销子，小车没有车辕与轭相连接的木销子，怎么能够行驶呢？"

有子曰："信近于义，言可复也。恭近于礼，远耻辱也。因不失其亲，亦可宗也。"（《论语·学而》）

【释义】

有子说："和别人立下诺言，要尽量符合道义，所说的话就能兑现。谦恭地对待别人，要尽量合乎礼节，就会免遭耻辱。亲近、依靠那些与自己关系近之人，也就可靠了。"

【感悟】

（1）**诚信是人的立身之本**。诚信是做人应有的基本道德品质，每一个人都要养成诚信的美德、坚守诚信的美德，做到内诚于心、外诚于人。诚信是一个人立足社会的基础，一个人要想获得别人的信任，前提就是自己诚实守信。历史上的曾子杀猪、晏殊换题等，都是关于诚信的故事。

（2）**诚信是企业的立业之本。**诚信是塑造企业形象和赢得企业信誉的重要基石，也是企业在竞争中克敌制胜的重要砝码，还是现代企业生存发展的根本。诚信作为一项普遍适用的道德原则和规范，是建立行业、企业、各个单位之间良性互动关系的道德杠杆。

（3）**诚信是国家的立国之本。**政府与民众、官员与百姓之间相互信任，形成良好的诚信体系。诚信是一个国家长治久安的重要基础。现代国家的主体是人民，国家权力也属于人民。其实，中国古代政治伦理强调"民惟邦本，本固邦宁""民为贵，社稷次之，君为轻""得民心者得天下，失民心者失天下"，失去人民的信任便失去了权力合法性的依据。历史上，周幽王烽火戏诸侯，丧失了国家的诚信，导致了西周王朝的灭亡。商鞅立木建信，树立了国家的诚信，使变法得以顺利推行。

三、修德徙义

子曰："德之不修，学之不讲，闻义不能徙，不善不能改，是吾忧也。"（《论语·述而》）

【释义】

孔子说："不去培养品德，不去研讨学问，听到正义不能追随，不好的行为不能改正，这些都是我深深感到忧虑的。"

子曰："主忠信，徙义，崇德也。"（《论语·颜渊》）

【释义】

孔子说："心存忠厚诚信，唯义是从，这就是提高品德修养的方法啊。"

【感悟】

（1）**练好修身的基本功。**修德、讲学、徙义、改过是一个人修身的基本功。四者紧密联系,相辅相成,但又有主次之分,修德是根本,其他三项围绕修德而展开,是修德的具体方面和体现,是知、情、意、行的统一,也是修德的过程。

（2）**道德也是一种能力。**道德既是人的一种修养,也是人的一种能力。人与人之间相互关系的行为准则和规范的总和,被称为道德。它是社会精神文明的一个重要组成部分,既反映整个社会的精神风貌,也反映个人的思想觉悟、精神境界、文明教养,以及自我调节、自我控制的能力。

（3）**道德评价引导善恶。**道德通过善恶评价反映现实世界。人们把一切符合道德原则和规范的行为,称之为善,反之,称之为恶,并区别出善与恶的等级,如善与恶、大善与大恶等。道德能够通过人们内心的信念和社会的舆论,发挥潜移默化、春风化雨的作用,引导人们在不知不觉中改过向善。

（4）**德治法治相辅相成。**社会治理一般有两种基本渠道:一种是道德,带有约束力;一种是法律,带有强制力。道德衍生于人与人最基本的交往中,经大家约定成俗,就成了社会道德体系,能有效地协调人与人之间的关系。法律由于其严密性、程序性和严肃性,往往有一定的滞后性,常常成为人们"不得已"的选择。习近平总书记在中央全面依法治国工作会议上指出:"要坚持依法治国和以德治国相结合,实现法治和德治相辅相成,相得益彰。"

四、行以忠恕

子曰:"夫仁者,己欲立而立人,己欲达而达人。能近取譬,可谓仁之方也已。"（《论语·雍也》）

【释义】

孔子说:"凡是仁德的人,自己想要立,也要想到让他人立起来;自己想要通达,必先帮助别人通达。凡事做到推己及人,可以说就是实践仁德的方法。"

子贡问曰:"有一言而可以终身行之者乎?"子曰:"其恕乎!己所不欲,勿施于人。"(《论语·卫灵公》)

【释义】

子贡问:"有没有一个字可以让人终身奉行的?"孔子说:"那大概就是'恕'吧!自己不愿做的事,不要强加于别人。"

【感悟】

(1)**忠恕是一种道德规范**。孔子的学生曾参有言:"夫子之道,忠恕而已矣。"所谓忠,是指尽心为人;所谓恕,是指推己及人。古人修身养性,特别重视在忠恕上下功夫,如唐代刘禹锡的"圣言贵忠恕,至道重观身",宋代苏辙的"持身守忠恕,临事耻浮沉"。

(2)**推己及人是中华美德**。推己及人就是用爱己之心去对待人,以自己的感受去体会别人的感受,以自己的处境去想象别人的处境。推己及人是一种宽容体谅的道德情怀,一直是中华民族的传统美德。

(3)**换位思考非常重要**。换位思考就是从别人的角度去想,这样才能更好地理解别人,也才能得到别人的理解。换位思考,能够让我们做一个通情达理的人。

五、严己宽人

子曰:"君子求诸己,小人求诸人。"(《论语·卫灵公》)

【释义】

孔子说:"君子要求自己,小人苛求别人。"

子曰:"躬自厚而薄责于人,则远怨矣。"(《论语·卫灵公》)

【释义】

孔子说:"对自己严格要求而宽容地对待别人,这样怨愤就自然减少了。"

【感悟】

(1)**严己宽人是一种良好品德。**严于律己是一种修身重德、力行道义的美好人格;宽以待人是待人仁爱、宽厚,有宽广的胸怀和包容的气度。

(2)**严己宽人是为人处世的大道理。**"待人要丰,自奉要约;责己要厚,责人要薄。"一个人能够做到多要求自己,少指责别人,就是一个受欢迎的人。清代张潮曾在《幽梦影》中写道:"律己宜带秋风,处事宜带春风。"其意思就是,要求自己像秋风一样严厉,而对待别人要如春风一般温暖。历史上,范纯仁与程颐的交往故事就是一个严己宽人的好例子。

(3)**严己宽人需要自我修养。**一般而言,修养严己宽人品德的途径有三种:一是自省,要经常反省自己,遇到问题首先反躬自问,从自己身上找原因,不要埋怨别人;二是克己,要培养自我节制能力,克制过多的欲望,校正不良言行,使自己的视、听、言、行等都符合道德规范;三是慎独,在个人独处时严格要求自己,防止邪念,保持正念,做到"勿以恶小而为之,勿以善小而不为"。

六、思贤向善

子曰:"见贤思齐焉,见不贤而内自省也。"(《论语·里仁》)

【释义】

孔子说:"看到有德行有才能的人就要向他学习,向他看齐;见到没有德行的人就要在内心反省,看看有没有像他一样的缺点。"

子曰:"见善如不及,见不善如探汤。"(《论语·季氏》)

【释义】

孔子说:"看到善的行为,就唯恐自己做不到;看到不善的行为,就好像把手伸到开水中一样赶快避开。"

【感悟】

(1)**榜样的力量是无穷的**。"见贤思齐焉,见不贤而内自省也""择其善者而从之,其不善者而改之"成为后世儒家修身养德的座右铭。修身养德要自觉思齐和自省,既要取人之长来补己之短,又要以人之过来警示自己,避免犯同样的错误。正如朱熹在《论语集注》中所言:"日省其身,有则改之,无则加勉。"

(2)**修养德行要趋善避恶**。要以先进榜样为标杆,以反面典型为镜鉴,坚持"吾日三省吾身",认识自己的不足。坚持"时时勤拂拭",扫除心灵的尘埃。

内容小结

《论语》告诉我们的做人之道:孝悌为本、诚信立身、修德徙义、行以忠恕、严己宽人、思贤向善。

思考讨论

《孝经》中有句话"天地之性,人为贵。人之行,莫大于孝",谈谈你对它的看法。

延伸阅读

1. 子路百里负米的故事

仲由,字子路、季路,春秋时期鲁国人,孔子的得意弟子,性格直率勇敢,十分孝顺。早年家中贫穷,自己常常采野菜做饭食,却从百里之外负米回家侍奉双亲。父母死后,他做了大官,奉命到楚国去,随从的车马有百乘之众,所积的粮食有万钟之多。坐在垒叠的锦褥上,吃着丰盛的筵席,他常常怀念双亲,慨叹:"即使我想吃野菜,为父母亲去负米,也是再也不可能的事情了。"孔子赞扬子路说:"侍奉父母,可以说是生时尽力,死后思念哪!"

有诗赞曰:负米供旨甘,宁辞百里遥。身荣亲已殁,犹念旧劬劳。

2. 子骞芦衣顺母的故事

闵损,字子骞,春秋时期鲁国人,孔子的弟子,在孔门中以德行与颜渊并称。他生母早死,父亲娶了后妻,又生了两个儿子。继母经常虐待他,冬天,两个弟弟穿着用棉花做的冬衣,却给他穿用芦花做的"棉衣"。一天,父亲出门,闵损牵车时因寒冷打战,将绳子掉落地上,遭到父亲的斥责和鞭打,芦花随着打破的衣缝飞了出来,父亲方知闵损受到虐待。父亲返回家,要休逐后妻。闵损跪求父亲饶恕继母,说:"留下母亲只是我一个人受冷,休了母亲三个孩子都要挨冻。"父亲十分感动,就依了他。继母听说后,悔恨知错,从此待他如亲子。孔子曾赞扬子骞说:"孝哉,闵子骞!"(《论语·先进》)有诗赞曰:闵氏有贤郎,何曾怨晚娘? 尊前贤母在,三子免风霜。

3. 曾子杀猪践信的故事

曾参,字子舆,春秋时期鲁国人,孔子的弟子,儒家学派的重要代表人物。有一天,曾子的妻子到集市去,她的儿子要一起去,一边跟着一边哭泣。曾妻说:"你回去,等我回家后为你杀猪吃肉。"妻子从集市回来后,曾子就要抓住一头猪杀,妻子制止他说:"我只不过是与小孩子开玩笑罢了。"曾子说:"小孩子是不能和他开玩笑的。小孩子是不懂事的,是要依赖父母学习的,并听从父母的教诲。现在你欺骗他,是在教他学会欺骗。母亲欺骗儿子,儿子就不会相信自己的母亲,这不是教育孩子该用的办法。"说完,曾子就杀了一头猪,煮肉给孩子吃。

4. 商鞅立木为信的故事

商鞅,战国时期卫国人,法家代表人物。商鞅刚在秦国推行变革时,起草了一项变革的法令,但是怕老百姓不信任他,不按照新法令去做,就先叫人在都城的南门竖了一根三丈高的木头，并下命令说："谁能把这根木头扛到北门去，就赏十两金子。"不一会儿，南门口围了一大群人，大家议论纷纷。有的说："这根木头谁都拿得动，哪儿用得着十两赏金？"有的说："这大概是左庶长成心开玩笑吧。"大伙儿你瞧我，我瞧你，就是没有一个敢上去扛木头的。商鞅知道老百姓还不相信他下的命令，就把赏金提到五十两。没有想到赏金越高，看热闹的人越觉得不近情理，仍旧没人敢去扛。正在大伙儿议论纷纷的时候，人群中有一个人跑出来，说："我来试试。"说着，他把木头扛起来就走，一直搬到北门。商鞅立刻派人传出话来，赏给扛木头的人五十两黄澄澄的金子，一两也没少。这件事立即传开，一下子轰动了秦国，取得了老百姓的信任，使变革政策得以顺利推广。

5.晏殊诚实守信的故事

晏殊，北宋名臣。晏殊非常诚实正直，聪明过人，7岁时就能写出一手好文章，14岁时被推荐为"神童"，受到皇帝宋真宗的召见。宋真宗让他与一千多名考生一起参加进士考试，晏殊卷子答得既快又好。第二天复试，题目是《诗赋论》，晏殊在试卷上写道："这个题目我在十天前做过，如果将旧题重做一遍，实有欺君之嫌，恳请陛下另外出题。"然后，晏殊请监考官将试卷转呈皇帝。宋真宗见晏殊襟怀坦荡，为人诚实，十分喜欢，便另出试题考试，选中他为进士，后来又提拔他为翰林。一次，朝中大小官员到城外郊游，并举办大型宴会。晏殊因家贫无力参加，便和兄弟们在家读书做文章。有一天，皇帝为太子选老师，直接点名要晏殊担当，大臣们都很惊讶。宋真宗说："我听说晏殊不参加郊游和宴会，经常在家闭门读书，这样忠厚谨慎的人，放在太子身边最合适。"晏殊拜谢皇帝后，直率地说："我没有参加郊游和宴会是因为家里穷，如果我有钱，我也会去的。"宋真宗见他如此诚实可信，对他更加赏识，不断委以重任，直至官拜宰相。

《论语》里的交友之道

　　早些年，歌曲《朋友》广受欢迎，歌词中有这样的话："朋友一生一起走，那些日子不再有。一句话，一辈子。一生情，一杯酒。朋友不曾孤单过，一声朋友你会懂。终有梦，终有你，在心中。"这首歌流行一时，它唱出了朋友的感情和作用。儒家文化关于朋友的论述很多，并把朋友提到人伦的高度，形成"五伦"的人伦思想，即君臣、父子、夫妇、兄弟、朋友。《论语》中27次提到"友"字，告诉了我们一些交友的基本道理。

　　朋友有好有坏，学会区分很重要。

　　朋友相见相知，相互了解很重要。

　　朋友相处有度，把握分寸很重要。

　　朋友互促互进，严己宽友很重要。

　　朋友有品有味，交往境界很重要。

孔子曰："益者三友,损者三友。友直、友谅、友多闻,益矣;友便辟、友善柔、友便佞,损矣。"(《论语·季氏》)

【释义】

孔子说:"有益的朋友有三种,有害的朋友也有三种。结交正直的人,结交诚信的人,结交见闻广博的人,是有益的。同逢迎谄媚的人交朋友,同表面柔顺而背后诽谤的人交朋友,同花言巧语的人交朋友,那是有害的。"

【感悟】

(1)**益友给人温暖**。益友如灯,照亮人生。人生在世,没有人能独自在人生的海洋中航行,总要有一些朋友相伴。每个人都需要别人的帮助,也应当给予别人帮助。正直的朋友给人力量和勇气,宽容的朋友让人增加内心自省的力量,见多识广的朋友向人传递可借鉴的经验,这些都会帮助人成长,并让人感受到快乐。正如王勃诗云:"海内存知己,天涯若比邻。"

(2)**损友带来伤害**。损友要防,避免受害。性格暴躁的朋友像炮仗,容易点燃意气用事的火。优柔寡断的朋友往往耽误身边的机遇。有一个比喻,说机遇像一个怪物,前脸长头发,后边是一个秃脑勺,它走过来的时候不容易看清,等人反应过来已经抓不住了。遇到机遇要当机立断,否则就会错失良机。花言巧语、心怀鬼胎的朋友,心理阴暗,面孔伪善,如果被这种人利用就会套上枷锁,付出惨痛代价。历史上,孙膑与庞涓交往的故事就是一个典型例子。

(3)**诤友帮人清醒**。诤友助成功,良言似千金。古人说:"砥砺岂必多,一璧胜万珉。"意思是说,交朋友不在多,贵在交诤友。诤友像镜子,帮我们认清自我。良言似千金,一生受教益。如爱因斯坦所言:"世间最美好的东西,莫过于有几个头脑和心地都很正直的严正的朋友。"

(4)**自己要够朋友**。欲交朋友,自己先要够朋友。自己先做好人,然后找和自己相仿的人做朋友就容易了。只有自己够朋友,才能交到真朋友,这样的友谊才能稳固发展。

✍ 二、友贵相知

樊迟问仁,子曰:"爱人。"问知,子曰:"知人。"(《论语·颜渊》)

【释义】

樊迟问什么是仁,孔子说:"爱护别人。"又问什么是智慧,孔子说:"了解别人。"

子曰:"不患人之不己知,患不知人也。"(《论语·学而》)

【释义】

孔子说:"我不担心别人不了解我,我担心的是自己不了解别人。"

【感悟】

(1)**朋友像一面镜子**。人们交朋友要有两个前提:一是要有意愿,有爱心,真正爱护别人;二是要有能力,能辨别,真正了解别人。好朋友就像一面镜子,从他的生活中能看到自己的影子。春秋时期齐国宰相晏婴与车夫的故事说明了跟着好人能学好。

(2)**能自知方能知人**。一个"朋"字,二月相照。朋友之交,互取光芒,相互关心、相互支持。选择一个朋友就是选择一种生活方式,能够了解自己和别人,才算有真正的智慧,正所谓"知人者智,自知者明"。历史上,管鲍之交就是朋友相知相交的典范。

(3)**兴趣相投很重要**。俗话说,物以类聚,人以群分。兴趣相投的朋友自然就有共同话题，能在彼此交往交流中深入地了解对方的气质、素养。性格相近也同样重要，性格相近彼此的认同感就强一些，彼此行为的排斥感就弱一些，这样在学习、生活、工作中的冲突就少一些，有了矛盾也容易心平气和地解决。如果两个人性格相差极大，一个安静恬淡，一个热烈张扬，要想成为朋友是要费一番工夫的。历史上，高山流水的故事就反映了兴趣相投的重要性。

三、相处有度

孔子曰："侍于君子有三愆：言未及之而言谓之躁，言及之而不言谓之隐，未见颜色而言谓之瞽。"（《论语·季氏》）

【释义】

孔子说："侍奉君子容易有三种过失：没有轮到时就发言，叫作急躁；到该说话时却不说话，叫作隐瞒；不看别人的脸色而贸然说话，叫作盲目。"

子曰："可与言而不与之言，失人；不可与言而与之言，失言。知者不失人，亦不失言。"（《论语·卫灵公》）

【释义】

孔子说："可以同他谈而不同他谈，这样会错失人才；不可以同他谈却要同他谈，这是说错了话。聪明人既不会错失人才，也不会说错话。"

【感悟】

（1）**说话要把握分寸。**说话要有分寸，就是要把握好度。首先，不要抢着说话，否则就显得毛毛躁躁。其次，不要有话不说，因为吞吞吐吐、遮遮掩掩，别人会认为吊胃口。最后，不要睁眼说瞎话，否则就是没有眼色。

（2）**说话要讲究技巧。**说话是一门艺术，也是一门学问。既要把握方式技巧,又要把握时机,什么时候说话,什么时候不说话,要有分寸,要恰到好处。

(3)**说话要看清对象**。对什么样的人讲什么话,在什么样场合讲什么话,在什么时候讲什么话,都要根据具体的情况、时机和特点来确定。人在交往中,不能不说话,说话是一种能力,而闭嘴则是一种智慧。

子贡问友,子曰:"忠告而善道之,不可则止,毋自辱焉。"(《论语·颜渊》)

【释义】

子贡问交友之道。孔子说:"忠诚地劝告他,善意地引导他,如果不接受就停止劝导,不要自取其辱。"

子游曰:"事君数,斯辱矣;朋友数,斯疏矣。"(《论语·里仁》)

【释义】

子游说:"进谏君主过于频繁,就会遭受侮辱;劝告朋友过于频繁,反而会被疏远。"

【感悟】

(1)**尊重朋友的个性特点**。每个人都有自己的独特个性,朋友之间再怎么认同,再怎么交好,毕竟还是不同的个体,不可能完全一样,要学会尊重朋友的个性。

(2)**朋友相处要适宜适度**。对朋友,可以规劝,但不能代替其思考,更不能代替其行动。朋友相处要把握一个度,超过了这个度,往往会适得其反。

(3)**距离产生美**。朋友间保持一定的距离,往往会产生新鲜感,正所谓距离产生美。人与人交往要留有余地,才能和谐相处。

四、严己宽友

曾子曰:"吾日三省吾身:为人谋而不忠乎? 与朋友交而不信乎? 传不习乎?"(《论语·学而》)

【释义】

曾子说:"我每天对自己的言行多次反省:帮助别人筹谋办事,尽心尽力了吗? 与朋友交往,信守诺言了吗? 老师传授的知识,自己认真复习过吗?"

【感悟】

(1)**人靠诚信而立身**。朋友交往只有守信践诺,才会彼此信任,才能继续相处,友谊才会发展。

(2)**严己宽人好相处**。毛泽东说:"谅解、支援和友谊,比什么都重要。"一个人如果能够做到严于律己、宽以待人,那么与朋友就好相处,与别人也好相处,个人的人际关系就会有宽容的环境、和谐的氛围。

(3)**养成自省好习惯**。为人处世,自我反省的能力很重要。一个人,正确认识自己往往是不容易的。如果能够经常自我反省,养成自省的习惯,自然就能够做到"自知者明"。我们要通过反思反省来战胜自我,不断清扫思想污垢,从而提升精神境界。

五、有品有味

曾子曰:"君子以文会友,以友辅仁。"(《论语·颜渊》)

【释义】

曾子说:"君子以文章学问来结交志同道合的朋友,用朋友来帮助自己提高仁德修养。"

【感悟】

(1)**朋友切切偲偲**。朋友之间应该相互切磋、相互激励、共同进步、共同提高,在互助中走向成功。

(2)**文载道文处友**。明代文学家冯梦龙说过:"酒肉兄弟千个有,落难之中无一人。"这句话是说交友要重素养、重情趣,要少吃喝。要知道,吃喝玩乐是低层次的,酒肉朋友是不可靠的。君子之交淡如水,正如诗仙李白所云:"人生贵相知,何必金与钱。"

子曰:"可与共学,未可与适道;可与适道,未可与立;可与立,未可与权。"(《论语·子罕》)

【释义】

孔子说:"可以和他一同学习的人,未必可以和他一同取得成就;可以和他一同取得成就的,未必能够一起有所建树;可以和他一起有所建树的,未必可以和他一起变通灵活地处事。"

子曰:"道不同,不相为谋。"(《论语·卫灵公》)

【释义】

孔子说:"主张不同,就不能共同谋划。"

【感悟】

(1)**朋友有不同层次**。交友有四个层次,也即四种境界,交友的境界有一个逐步发展和提升的过程。第一个层次,"可与共学"的人,可谓之"同学"。第二个层次,"可与适道"的人,可谓之"同行"。第三个层次,"可与立"的人,可谓之"同立"。第四个层次,"可与权"的人,可谓之"同权"。革命领袖毛泽东与蔡和森的交往过程,就是从"可与共学"发展到"可与权"的光辉典范。

①"同学"重在"趣"。"同学"即共同学习,可以理解为有共同的兴趣爱好,引申为有共同的话题。这种境界强调"趣"。俗话说:"酒逢知己千杯少,话不投机半句多。"朋友间没有什么共同话题,说话不投机,一般很难长久交往下去。

②"同行"重在"志"。"同行"即有共同目标和志向,可理解为共同寻求"道",称为"同道中人"。这种境界强调"志",比第一种境界"趣"要高一些。

③"同立"重在"道"。"同立"即共同做事,可以合作共事成就一番事业。这样的朋友志同道合,有共同的价值观,能够携手共进,相互扶持,走向成功。

④"同权"重在"通"。"同权"即可以一起权衡利弊轻重,可理解为在紧要关头可以一起商量办法,可以一起担当责任。这样的朋友彼此信任,心意相通,堪称真正的"知己"。

(2)**交友不可勉强**。兴趣相投,容易相交相处;志同道合,才能共谋大事。但是,人的个性特点不同,兴趣志向各异,交友不可勉强。如果两个人彼此的兴趣和主张不同、志向和信仰各异,就很难相处下去,还是不强求为好。

内容小结

《论语》告诉我们的交友之道:区分损益、友贵相知、相处有度、严己宽友、有品有味。

思考讨论

子曰:"与善人居,如入芝兰之室,久而不闻其香,则与之化矣。与恶人居,如入鲍鱼之肆,久而不闻其臭,亦与之化矣。丹之所藏者赤,漆之所藏者黑,是以君子必慎其所与处者焉。"(《孔子家语·六本》)谈谈你对这句话的理解。

延伸阅读

1.管仲和鲍叔牙的故事

从前,齐国有一对好朋友,一个叫管仲,另一个叫鲍叔牙。管仲年轻时,家里很穷,还要奉养母亲。鲍叔牙知道后,就找管仲一起做生意。因为管仲没有钱,所以本钱都是鲍叔牙出的。当赚了钱以后,管仲拿的钱却比鲍叔牙还多,鲍叔牙的仆人看了就说:"这个管仲真奇怪,本钱拿得比我们主人少,分钱时拿的钱却比我们主人还多!"鲍叔牙对仆人说:"不要这么说!管仲家里穷又要奉养母亲,多拿一点钱没有关系。"有一次,管仲和鲍叔牙一起去打仗,每次进攻的时候,管仲都躲在最后面,大家就骂管仲说:"管仲是一个贪生怕死的人!"鲍叔牙马上替管仲说话:"你们误会管仲了,他不是怕死,他得留着他的命去照顾老母亲呀!"管仲听到之后说:"生我的人是父母,知我的人是鲍叔牙呀!"后来,齐国的国王死了,公子诸当上了国王,公子诸每天吃喝玩乐不做事,鲍叔牙预感齐国一定会发生内乱,就带着公子小白逃到莒国,管仲则带着公子纠逃到鲁国。

不久之后,齐王诸被人杀死,齐国真的发生了内乱。管仲想杀掉公子小白,让公子纠能顺利当上国王,可惜管仲在暗算公子小白时,把箭射偏了,射到了公子小白的裤腰,没能射死公子小白。后来,鲍叔牙和公子小白比管仲和公子纠还早回到齐国,公子小白就当上了齐国的国王。公子小白当上国王后,决定封鲍叔牙为宰相,鲍叔牙却对公子小白说:"管仲各方面都比我强,应该请他来当宰相才对呀!"公子小白一听:"管仲要杀我,他是我的仇人,你居然叫我请他来当宰相!"鲍叔牙却说:"这不能怪他,他是为了帮他的主人公子纠才这么做的呀!"公子小白听了鲍叔牙的话,请管仲回来当宰相,而管仲也真的帮公子小白将齐国治理得非常好,使公子小白成为春秋五霸之首。

鲍叔牙推荐管仲以后,自己甘愿做他的下属。天下的人不赞美管仲的才干,而赞美鲍叔牙能了解人。后来,大家在称赞朋友之间的友谊时,常常以"管鲍之交"称之。

2.晏婴与车夫的故事

《史记·管晏列传》有个故事说,齐国的宰相晏子有一个车夫,相貌堂堂、身材魁梧,整天给宰相驾车很风光。晏子的个子矮矮的,相貌也不出众,天天坐在后面的车棚里,谁也看不见。而车夫始终坐在前面,便觉得自己很了不起,非常傲慢。

有一天车夫回家,看见夫人正收拾东西要回娘家。他很疑惑地问为什么,夫人说:"我觉得和你在一起特别丢人,很耻辱!"车夫说:"我现在给齐国宰相驾车,你不觉得光荣吗?"夫人说:"你一点学问都没有,却傲气冲天、趾高气扬,宰相有那么好的修养和学问,但一点也不炫耀自己。令人遗憾的是,你整天跟那么好的人在一起,却越来越傲慢,自以为很满足。"车夫感到羞愧,表示要悔过自新,并把这件事告诉了宰相。晏婴跟这个车夫说:"你有这样一位夫人,你应该好好珍惜,好好改进。冲你有这样好的夫人,我就应该培养你。"后来,晏婴就推荐了这个车夫做大夫。

3.俞伯牙与钟子期的故事

春秋战国时期,有个叫俞伯牙的人,年轻的时候聪颖好学,曾拜高人为师,学习琴技,精通音律,琴艺高超,能出神入化地表现对各种事物的感受,成为当时著名的琴师。

一天晚上,俞伯牙乘船游览,面对清风明月,他思绪万千,于是弹起琴来,琴声悠扬,渐入佳境,忽听岸上有人叫绝。俞伯牙闻声走出船舱,只见一个樵夫站在岸边,他知道此人是知音,当即请樵夫上船,兴致勃勃地为他演奏。伯牙弹起赞美高山的曲调,樵夫说道:"真好!雄伟而庄重,好像高耸入云的泰山一样!"当他弹奏表现奔腾澎湃的波涛时,樵夫又说:"真好!宽广浩荡,好像看见滚滚的流水、无边的大海一般!"伯牙兴奋极了,激动地说:"知音！你真是我的知音。"这个樵夫就是钟子期,从此二人成了非常要好的朋友。"知音"也成为好朋友的代名词。

4.孙膑与庞涓的故事

孙膑和庞涓分别是齐国人和魏国人,拜师路上偶遇,并结为兄弟,同拜师鬼谷子学习兵法。孙膑和庞涓两人性格却不相同,孙膑为人实在心善,庞涓为人险恶心狠。在学艺中听到魏国正在招贤纳士,庞涓觉得机会来了,认为自己学的东西足以独当一面,可以得到高官厚禄和魏王的赏识。

庞涓妒忌孙膑的才能,假意向魏王推荐孙膑,后来发现孙膑比自己的才华高,便心生恶意,设计谋害孙膑,使孙膑的膝盖骨被剃掉,并想把《兵书十三篇》弄到手后便将其除掉。孙膑察觉后,因腿跑不了,便用兵不厌诈之计"装疯"忍辱负重拖延时间。终于,孙膑被秦华礼等人救出魏国,赶奔齐国,后在马陵道用兵,使庞涓中计后拔剑自刎。

5.毛泽东与蔡和森的故事

毛泽东与蔡和森是中国共产党的两位伟大的革命领袖。他们从青年时代成为朋友起,就始终志同道合、心心相印、肝胆相照。

他们两人是会友,可谓志同道合。毛泽东与蔡和森的革命友谊,是从湖南第一师范学校(以下简称"湖南一师")开始建立的。辛亥革命前后,他们分别从湘乡永丰(今属双峰县)和湘潭韶山冲,先后来到省城求学。蔡和森初入铁路学堂,毛泽东入湘乡驻省中学,随后转入湖南省立第四师范。湖南一师创立后,蔡和森于1913年秋转入,而毛泽东也于1914年春随湖南省立第四师范并入湖南一师。毛泽东编入第八班,蔡和森编入第六班,他们虽然不在同一班级,却是同一年级,并且同是杨昌济、徐特立等名师的学生。两人很快相识,并结为志同道合的学友。

他们两人是会友,可谓心心相印。1918年4月14日,毛泽东与蔡和森发起建立了一个以"革新技术,砥砺品行,改良人心风俗"为宗旨的新民学会。从此,这两位志同道合的学友,成了新民学会心心相印的会友。新民学会建立后,毛泽东与蔡和森共同寻求"改造中国与世界"的道路,研究国情,研究国际共产主义运动,两颗心紧紧地印在"中国这个地盘",互相取长补短,共同经历了世界观的改变。

他们两人是战友,可谓肝胆相照。毛泽东与蔡和森在探求革命的道路上和从事革命斗争的实践中,由志同道合的学友发展到心心相印的会友,再从心心相印的会友发展到肝胆相照的战友。他们从一同寻求"改造中国与世界"的革命道路到实践这条道路,代表了中国革命的正确方向。

毛泽东与蔡和森的友谊似松柏,万古长青;他们建立的功绩如日月,彪炳千秋。

6. 马克思与恩格斯的故事

1844 年,马克思在巴黎认识了恩格斯,共同的信仰使彼此把对方看得比自己都重要。马克思长期流亡,生活很苦,常常靠典当为生,但他仍然顽强地进行研究工作和革命活动。恩格斯为了维持马克思的生活,宁愿经营自己十分厌恶的商业,把挣来的钱源源不断地寄给马克思。他不但在生活上帮助马克思,在事业上,更是对其无微不至地关怀、帮助。在伦敦时,每天下午,恩格斯总会到马克思家里去,一连几个钟头,与马克思讨论各种问题。分开后,他们几乎每天通信,彼此交换对政治事件的意见和研究工作的成果。他们之间的关怀还表现在时时刻刻设法给予对方帮助,并为对方在事业上的成就感到骄傲。马克思答应给一家英文报纸写通讯稿时,由于不精通英文,恩格斯就帮他翻译,必要时甚至代写。恩格斯撰写文章的时候,马克思也往往放下自己的工作,编写其中的某些部分。

马克思和恩格斯合作了 40 年,建立起了伟大的革命友谊,共同创造了伟大的马克思主义。

《论语》里的职场之道

一个人,无论喜欢与否,都要就业,都要进入职场。因为人人都要吃饭,就业是民生之本。有一首歌曲叫《给工作》,歌中唱道:"问一个简单问题,你的工作你喜欢吗? 是否就像食堂里打的饭? 吃不吃你看着办,有人为名,有人为权,有人就是为了混口饭,也有人是为了存在感,多少人是为了喜欢……"歌曲虽诙谐轻快,但能触动人的心灵。大学毕业生步入职场,都有一个从青涩走向成熟的过程。在这个过程中,有两条非常重要的原则:其一,保持积极的心态;其二,适合优先于喜欢。拥有积极心态的人,身上表现的特点是总爱找方法,总喜欢面对,总在解决问题,总爱说让我来做……而拥有消极心态的人,总爱找借口,总喜欢逃避,总在制造问题,总爱说不该我做……很显然,前者走向的是成功,后者走向的是失败。

儒家文化中有很多关于职场的智慧,《论语》就告诉了我们许多道理。

想有职位,须有能力。

敬勤守忠,职责所在。

行胜于言,行前言后。

持之以恒,事可成功。

君子爱财,取之有道。

谨言慎行,职位无虞。

友善待人,和美共事。

子曰："不患无位,患所以立。不患莫己知,求为可知也。"(《论语·里仁》)

【释义】

孔子说："不必忧虑没有职位,而应当担心自己没有立身的本领;不必忧虑没有人知道自己,而应该追求能使别人知道自己的本领。"

子曰："不患人之不己知,患其不能也。"(《论语·宪问》)

【释义】

孔子说："不必要忧虑别人不了解自己,而应当忧虑自己没有能力啊。"

子曰："君子病无能焉,不病人之不己知也。"(《论语·卫灵公》)

【释义】

孔子说："君子担忧自己的没有能力有限,不埋怨别人不理解自己。"

【感悟】

(1)**人人渴望被认可**。每个人都渴望受到别人的重视,得到别人的认可,获得别人的赏识,这是人性使然,是一种正常的、合理的要求。

(2)**职业能力很重要**。职场中人最应该操心的是自己的工作能力怎么样,能不能胜任岗位,最应该考虑的是怎么干工作,能不能把工作干好。胜任岗位、干好工作是首要的职责,是得到认可的前提。学历不代表能力,也不代表经验。

(3)**正确面对竞争**。职场上的竞争是客观存在的,要正确面对,不要回避和逃避。竞争的结果是优胜劣汰,优胜不会是偶然的,更不能靠运气。

职场胜出的标准是：站得住、立得起、能干事、干得好。

（4）**有为才有位**。职场上不养懒人，滥竽充数的人也无法藏身。职场人需要记住的是，有为才有位，有位更要有为。佛塔上老鼠的故事和南郭先生的故事都能警示职场人。

二、敬勤守忠

子张问政，子曰："居之无倦，行之以忠。"（《论语·颜渊》）

【释义】

子张问怎么治理政事，孔子说："身处其位一刻也不能懈怠，做事必须心怀忠敬。"

子曰："居处恭，执事敬，与人忠。"（《论语·子路》）

【释义】

孔子说："平常居家言行要恭敬，在岗做事要尽心负责，与人交往要忠厚诚恳。"

【感悟】

（1）**敬业爱岗是基本道德**。敬业爱岗是一个人对自己所从事工作和所在岗位负责的态度，属于道德范畴。敬业是基本道德行为，爱岗是产生敬业精神的主要动力。敬业爱岗的表现是自觉性、主动性、全局性和创新性。

（2）**忠诚是人类的美德**。忠诚是一种美德，是一个人获得信任的基本前提，是个人事业成功的重要保证。从企业维度来说，员工的忠诚度构成了企业长期发展的基石。

（3）**勤劳是中华民族传统美德**。中华民族素以勤劳著称，正因为勤劳，才成就了辉煌的中华文明。古话说，天道酬勤、业精于勤、勤能补拙。古今中外,无不称颂勤劳。人生在世,勤奋才是大智慧。

三、行胜于言

　　子曰:"古者言之不出,耻躬之不逮也。"(《论语·里仁》)
【释义】
孔子说:"古人不轻率发表言论,因为耻于言而无行,躬行不及啊。"

　　子曰:"君子耻其言而过其行。"(《论语·宪问》)
【释义】
孔子说:"君子耻于言而无行,言过其实。"

【感悟】
　　(1)**做人做事要言行一致**。从德行维度看,言与行应该是一体的。"言而无信,人之大忌。"说话做事要坚持的是:能做到,则说;做不到,则不说;不说空话、大话、废话。
　　(2)**事业都是干出来的**。古人云:"空谈误国,实干兴邦。"作家冰心说:"言论的花儿,开得愈大,行为的果子,结得愈小。"工作是干出来的,不是说出来的。幸福是奋斗出来的,不是空想出来的。

四、恒心有成

　　子曰:"譬如为山,未成一篑,止,吾止也;譬如平地,虽覆一篑,进,吾往也。"(《论语·子罕》)

【释义】

孔子说:"就像平地堆土成山,只差一筐土就完成了此时停止,是我自己停止的。又比如平整一块土地,虽然刚倾倒一筐土,有志于坚持下去,这是我自己要进行的。"

子曰:"南人有言曰:'人而无恒,不可以作巫医。'善夫!"(《论语·子路》)

【释义】

孔子说:"南方人有句谚语说:'一个人假如没有恒心,连巫医都做不了。'这句话说得好啊!"

【感悟】

(1)**做事要有恒心**。不管做什么事,持之以恒才能成功。"恒心"二字力量巨大,水滴石穿,就是久久为功的恒心。古今中外,恒心有成的例子很多,如李时珍坚持27年写成《本草纲目》,达尔文坚持20年写成《物种起源》,马克思坚持40年写成《资本论》,爱迪生坚持做了6 000次试验终于发现电灯泡灯丝等,这些都是靠恒心成就一番事业的故事,能给我们深刻的启迪。

(2)**做事要重积累**。荀子在《劝学》中指出:"故不积跬步,无以至千里;不积小流,无以成江海。"做事就是这样,积少成多,坚持不懈,大事终成。贪大求快,欲速则不达。半途而废,前功尽弃。

(3)**做事贵在自觉**。不管做什么事,自觉性是非常可贵的,自觉的人表现为积极的心态和主动的行为,不自觉的人表现为消极的心态和被动的行为,积极主动与消极被动,谁能干好工作,谁能走向成功,是显而易见的。

五、见利思义

子曰:"见利思义,见危授命,久要不忘平生之言,亦可以为成人矣。"

（《论语·宪问》）

【释义】

孔子说："见到财利就想到道义,遇到危险能勇于献身,经过长久的穷困日子仍不忘记平日诺言,可以说是一个完人了。"

子曰："无欲速,无见小利。欲速,则不达;见小利,则大事不成。"(《论语·子路》)

【释义】

孔子说："不要急于求成,不要贪图眼前的利益。急于求成,反而达不到目的;看重小利,大事就不可能成功。"

【感悟】

（1）**树立正确的义利观。**见利思义是指一个人见到利益的时候,首先应该想一想是否符合道义,该不该取。见利思义并不是反对取利,它强调的是"君子爱财,取之有道"。与之相反的则是见利忘义,这种人见到有利可图时就不顾道义,不择手段,甚至丧失道德底线,这种人是为人所不齿的。

（2）**做事情要有定力。**做任何一件事情都要有目标,有步骤,依次而进,既不能急于求成,急功近利,也不能贪图小利,损伤大局。凡事总希望求快求利,往往是不会成功的。"欲速,则不达;见小利,则大事不成"告诉我们的道理就是:只有目光远大,遵循规律,保持定力,才能干大事、干成事。

六、谨言慎行

子张学干禄。子曰："多闻阙疑,慎言其余,则寡尤;多见阙殆,慎行其

余,则寡悔。言寡尤,行寡悔,禄在其中矣。"(《论语·为政》)

【释义】

子张向孔子请教求取官职俸禄的方法。孔子说:"多听各种言论,把不明白的事情放到一边,其余有把握的地方,谨慎地发表意见,这样就可以少犯错误。多注意观察,对于有疑问的地方,保留在心中;有把握的地方,谨慎地去做,这样就可以减少懊悔。言论方面少犯错误,行为方面很少懊悔,自然就有官职俸禄了。"

子曰:"君子欲讷于言而敏于行。"(《论语·里仁》)

【释义】

孔子说:"君子说话要谨慎,做事要行动敏捷。"

【感悟】

(1)**了解情况是前提**。进入职场,要多听多看多思,尽可能地了解实情,形成真情实感,这样才能较好较快地适应环境,融入其中。

(2)**言行要有把握**。在职场中,要善于观察了解、学习思考、不耻求问,要尽快进入角色、胜任岗位、履职尽责。在这个过程中,说有把握的话,做有把握的事,就可以减少错误,这样既是对个人负责,也是对工作负责。同时,要坚持少说多做,多干实事,这是职场的有益经验。

七、友善待人

子曰:"君子成人之美,不成人之恶。小人反是。"(《论语·颜渊》)

【释义】

孔子说:"君子成全别人的好事,不促成别人去做坏事。小人则与此相反。"

【感悟】

（1）**培养推己及人的美德。**“恕”是非常重要的德行修养,它体现的是一种推己及人的人文情怀。一个内心善良的人,即使不能成全别人,也不能将麻烦转嫁给别人。凡事在替自己做打算的时候,也要换位思考,设身处地替别人想一下。

（2）**培养成人之美的精神。**职场上有竞争,有时可能还很激烈,但是职场上也有合作和关怀,也有仁爱和情义,成人之美就是具体的体现,这是一种高尚的品质和境界。成人之美,需要有与人为善的宽广胸怀,把别人的成功当作自己的成功,把别人的快乐当作自己的快乐。

（3）**营造美美与共的环境。**著名社会学家费孝通先生提出“各美其美,美人之美,美美与共,天下大同”,虽然这十六字“箴言”讲的是处理不同文化间的关系,其实同样适用于职场人际关系。作为职场人,不仅要懂得欣赏自己创造的美,还要包容地欣赏别人创造的美,这样将各自之美和别人之美拼合在一起,就会实现合作共事的职场环境和文化和谐的大同之美。

内容小结

《论语》告诉我们的职场之道是:能者有位;敬勤守忠;行胜于言;恒心有成;见利思义;谨言慎行;友善待人。

思考讨论

1996 年,联合国教科文组织提出学习的四大支柱,即学会求知、学会做事、学会共处和学会生存。谈谈你对学习四大支柱的理解。

延伸阅读

1. 李时珍写作《本草纲目》的故事

李时珍自 1565 年起,先后到武当山、庐山、茅山、牛首山及湖北、安徽、河南、河北等地收集药物标本和处方,并拜渔人、樵夫、农民、车夫、药工、捕蛇者为师,参考历代医药等方面书籍925种,考古证今、穷究药理。

李时珍记录了上千万字札记,弄清了许多疑难问题,历经27个寒暑,三易其稿,于明万历六年(1578年)完成了190多万字的巨著《本草纲目》。

2.达尔文写作《物种起源》的故事

达尔文出生在一个相当有钱的大家族,有条件接受非常好的教育。达尔文的父亲把他送进了当时英国最好的医学院,想让他成为一名医生。但达尔文对医学并不感兴趣,反而参加了一个博物学研究会,到处考察野外的情况,制作各种动植物标本。1831年,达尔文认识了一位博物学家。听说海军正在为一次环球航行配备一位年轻的学者随行,达尔文就被推荐了上去。就这样,达尔文登上了小猎犬号,开始了环球之旅。

按照计划,这条船从欧洲出发穿过大西洋抵达巴西,然后一路向南,绕过南美洲的南部,再一路向北,一直开到赤道附近的加勒帕戈斯群岛。从这里,他们将横渡太平洋,去往新西兰,再从新西兰航行到澳大利亚,穿过印度洋,停靠南非南部的开普敦,然后取道南美洲东海岸,再返回英国。整个航行历时5年,其中大部分时间达尔文是在海上度过的。在航行途中,达尔文惊喜地发现了许多东西。达尔文在一开始并没有意识到,但在后来整理各种标本和笔记的时候,才突然醒悟过来,成了《物种起源》一书的重要触发点。

小猎犬号回到英国后,达尔文整理出版了在南美洲的一些考察笔记,并且发表了一些对软体动物的研究成果。生物进化的思想在他脑子里渐渐成形了。他继续进行其他动植物的研究,和其他博物学者沟通与交流,以完善自己的想法。经过了20年的充分准备,他终于出版了这本改变世界的书——《物种起源》。

《物种起源》一经出版就引起了巨大的关注,也引起了巨大的争论。有坚定支持的,也有激烈反对的,后来支持的成为主流,生物进化论成为人们普遍接受的理论。

3. 马克思写作《资本论》的故事

《资本论》是一部哲学、政治经济学和科学社会主义的百科全书。马克思以无产阶级革命家的气魄，废寝忘食，呕心沥血，艰苦卓绝地奋笔疾书了40年。

在撰写《资本论》的时候，马克思的生活非常困苦，他长年累月地为一块面包而操心苦恼，有时，他不得不把衣物送进当铺，以至于因没有衣服、鞋子而不能出门。他有三个孩子就是在这样的贫困中夭折的。同时，他在流亡生活中，还遭到资产阶级政府的拘捕、驱逐。尽管环境这样恶劣，但没有动摇马克思写《资本论》的决心。

在很长的时间里，马克思每天从早到晚专心致志地蹲在大英博物馆，阅读、收集大量的书籍和资料。例如，从1861年到1863年，在短短的两年时间内，他就阅读了1 000多本著作，写了20多本笔记。

他每天工作的时间很长，常常工作到深夜两三点钟，甚至通宵达旦。在家里，他中午只在沙发上躺一会儿。每顿饭时，他都要被呼唤好几次才停止写作来吃饭，而且几乎不等咽下最后一口饭就又回到书房了。因为他经常思考问题，以至于在书房的门与窗之间的地面上被踏出了一条清晰的痕迹。

写作《资本论》的过度劳累最终拖垮了马克思"钢铁"般的身体。

4. 爱迪生发明灯泡的故事

在灯泡没有发明的时候，人们晚上一般是使用蜡烛灯、煤油灯等照明，生活不便。那时候的爱迪生内心十分苦恼，决心要发明一种能够耐用的、光线明亮的灯泡。爱迪生在实验室里不断地进行各种材料试验，他先是使用了一种炭条进行试验，可是这种材料十分脆弱，难以作为灯泡材料，失败之后又开始使用钌和铬进行试验，当灯泡亮起来时他非常高兴，认为这种材料十分适合用于制作灯泡的灯丝，可是大约几分钟之后灯丝就烧断了。

几年的实验，几年的失败，爱迪生被许多人嘲笑，认为他是做白日梦。面对别人的质疑和不信任，爱迪生并没有放弃灯丝实验计划，反而以此为动力继续开展实验。功夫不负有心人,经过6 000多次实验,终于找到了突破点,爱迪生发现钨丝可以作为灯泡材料,这种材料在灯泡里发出的光线十分明亮,并且不易烧断,适合长期使用。就这样,灯泡进入了寻常百姓家,成为人们的照明工具。

《论语》里的教师之道

鲁迅先生在《我的第一个师父》一文中曾说:"我家的正屋的中央,供着一块牌位,用金字写着必须绝对尊敬和服从的五位:'天地君亲师'。"其实,这种现象并非个别情况。旧时在我国民间,一般民居厅堂正中壁上或神龛上,往往在黑色木牌上用金字漆书或用大幅红纸书写"天地君亲师",这五个字既是一种有形的象征符号,更是一种无形的精神信仰,教师位列其中,凸显了中国尊师重道的优良传统。古今中外,人们都认为教师很重要,都对教师寄予了很高的期望。古希腊哲学家柏拉图曾说:"一个民族只有最优秀的人才有资格做教师。"习近平总书记说:"一个人遇到好老师是人生的幸运,一个学校拥有好老师是学校的光荣,一个民族源源不断涌现出一批又一批好老师则是民族的希望。"那么,什么样的教师才是好教师呢?怎样做一个好教师呢?《论语》告诉了我们一些答案。

以爱立教,没有爱就没有教育。

立身为范,为学生做一个好榜样。

有教无类,平等对待每一个学生。

诲人不倦,教师先要学而不厌。

因材施教,尊重学生个性差异。

启发诱导,激发学生内生动力。

教学相长,师生互动共同成长。

子曰:"爱之,能勿劳乎? 忠焉,能勿诲乎?"(《论语·宪问》)

【释义】

孔子说:"爱他,能不教他勤劳吗? 忠于他,能不以正道规劝他吗?"

伯牛有疾,子问之。自牖(yǒu)执其手,曰:"亡之,命矣夫! 斯人也而有斯疾也! 斯人也而有斯疾也!"(《论语·雍也》)

【释义】

冉伯牛病危,孔子去探问。从窗户握着他的手,说道:"无可救治了吗,这是命中注定的啊! 这样的人却得了这种病啊! 这样的人却得了这种病啊!"

【感悟】

(1)**爱是教育的基础**。教育是一项爱的事业。孔子一生钟爱教育,他三十岁开始收徒讲学,一直到七十三岁离世,可谓钟情一生、尽瘁一生,为后世树立起一座丰碑。苏联教育家马卡连柯说过一句名言:"爱是教育的基础,没有爱就没有教育。"著名翻译家夏丏尊在翻译亚米契斯《爱的教育》的序言中写道:"教育上的水是什么? 就是情,就是爱。教育没有了情爱,就成了无水的池,任你四方形也罢,圆形也罢,总逃不了一个空虚。"是啊,教师要有一颗仁爱之心,以广博的爱教育人,以崇高的精神感化人,以美好的心灵塑造人。教师要锤炼以爱育人的坚定信念,爱学生、爱教育、爱科学、爱真理、爱祖国等,像伟大的人民教育家陶行知先生那样"爱满天下"。张桂梅校长就以其炽热的爱和责任,为云南贫困山区的女孩子们撑起了一片蓝天,为新时代的中国教师树立了榜样。

（2）**爱生是师德的核心**。德高为范,师德的核心就是爱学生。教师作为职业,是充满爱的事业;作为个体,其人格的灵魂是爱学生。教师的爱是平等的爱,是无私的爱,更是不断传递的爱。教育要播下爱的种子,形成爱的雨露,培养学生的爱心,让爱在学生心田生根发芽、开花结果,让学生健康快乐成长。教师要珍惜师生之间的感情,对学生多一分关心,少一分漠然;多一分理解,少一分苛求;多一分尊重,少一分指责。记住陶行知先生的告诫,要知道"你的教鞭下有瓦特,你的冷眼里有牛顿,你的讥笑中有爱迪生"。

二、立身为范

子曰:"其身正,不令而行;其身不正,虽令不从。"(《论语·子路》)

【释义】

孔子说:"自身端正,不用命令人们就会遵行;自身不端正,虽发命令也没有人听从。"

子曰:"君子道者三,我无能焉:仁者不忧,知者不惑,勇者不惧。"子贡曰:"夫子自道也。"(《论语·宪问》)

【释义】

孔子说:"君子的道德修养有三个方面,但是我没能做到:仁德的人没有忧愁,智慧的人没有迷惑,勇敢的人无所畏惧。"子贡说:"这是老师对自己的描述。"

【感悟】

（1）**身教比言教更重要**。言传身教做得好,教育效果就会好。教育、引导和影响学生,教师必须身体力行。如在教学方面认真备课,按时上课,投入情感,充满激情,刻苦钻研,一丝不苟等;在个人素质方面,热爱生活,积极向上,富有爱心,常怀感恩,以身作则,公平公正等。

(2)**言教身教融为一体**。教师要内强素质,外塑形象,内外结合,以优雅言行和人格魅力来影响、感召和熏陶学生。俗话说,亲其师,则信其道;信其道,则循其步。教师是一面旗帜,学生就会如影随形般地追着走;教师是一个路标,学生就会毫不迟疑地顺着标记前行。唯有如此,才能真正做到教书育人,言传身教,为人师表。

(3)**榜样力量是无穷的**。以身示范,就会产生榜样的力量。教师要做语言的表率,用语文明,儒雅亲和。要做仪表的表率,衣着得体,装扮适宜。要做言行一致的表率,凡是要求学生做到的,自己要率先做到;要求学生不能做的,自己坚决不能做。要做批评与自我批评的表率,展示真诚、朴实、知错就改的良好形象。

三、有教无类

子曰:"有教无类。"(《论语·卫灵公》)

【释义】

孔子说:"无论哪一类人都应当受到教育。"

子曰:"自行束脩(xiū)以上,吾未尝无诲焉。"(《论语·述而》)

【释义】

孔子说:"带着十条干肉为礼求见的,我从没有不悉心教诲的。"

【感悟】

(1)**有教无类具有划时代意义**。孔子提出并实践的有教无类思想,在中华文明发展史上,在中国教育发展史上,乃至在世界教育发展史上都具有划时代的意义。有教无类,强调的是不论贵贱贤愚都给予教育,是人人皆可教、人人皆可学的平民教育。有教无类思想的实施,扩大了中国古代教育的社会基础,拓宽了古代社会的人才来源,对中华民族全体成员素质的提高起到了积极的推动作用。

(2)**受教育是一项重要的人权。**在现代社会,受教育成为全体公民的需要和共享的权利,是一项重要的人权,也是基本的人权。教育具有民主性、全民性和普及性的重要特点。首先,教育机会要均等,包括入学机会的均等、享有教育资源机会的均等、教育结果的均等。其次,师生关系要民主化,师生之间是平等的。最后,教育活动、教育方式、教育内容等要民主化,为学生发展提供更多的选择机会。

(3)**教学民主是微观的教育民主。**教学民主化的实施,保证了教育民主化的落实。教学民主化就是在教学领域落实民主思想,主要有四个方面:一是在师生关系上,讲求民主、平等、和谐、友爱;二是在学生观上,讲求教学要以学生的学为主,学生是学习的主人,是课堂的主人,教学要最大限度地发挥学生的主体作用;三是在教师观上,主张教师是学生学习的帮助者、引领者、组织者、点拨者,甚至是学习的一员;四是在目标观上,主张教学要培养学生的自学能力、自主意识和个性特长,使学生得到全面和谐的发展。

四、诲人不倦

子曰:"默而识之,学而不厌,诲人不倦,何有于我哉?"(《论语·述而》)

【释义】

孔子说:"默默地记住所学的知识,努力学习从不满足,教诲学生不知道疲倦,这些事情我做到了哪些呢?"

【感悟】

（1）**教师要有一种精神。**俗话说，人无精神不立，国无精神不强。教师要有一种学习自觉和育人自觉，因为教师不仅仅是一种称号，也不仅仅是一份养家糊口的工作，更是一种崇高的职业、一份神圣的事业，教师需要有职业的精神和事业的使命。教师要勤于学习、思考和实践，要有教育家的情怀、能力和智慧，真正做到学高为师、德高为范、爱满天下。

（2）**"默而识之"是一种学习方法。**它强调学与思的结合，指出了"思"的具体途径和方法。

（3）**"学而不厌"是一种治学态度。**它强调学习要主动，要自觉，要总感到不满足，学无止境，奋进不息。学习是知识积累、能力形成和智慧提升的前提和基础。正如一代大儒朱熹诗云："问渠那得清如许？为有源头活水来。"

（4）**"诲人不倦"是一种教学态度。**它是教师的基本道德规范，也是一种教育精神，我们应该大力传承和发扬。教师以严谨的态度，细心地观察，不知疲倦地教学，点燃的是自己，照亮的是学生。

五、因材施教

子路问："闻斯行诸?"子曰："有父兄在，如之何其闻斯行之?"冉有问："闻斯行诸?"子曰："闻斯行之。"公西华曰："由也问闻斯行诸，子曰'有父兄在'；求也问闻斯行诸，子曰'闻斯行之'。赤也惑，敢问。"子曰："求也退，故进之；由也兼人，故退之。"（《论语·先进》）

【释义】

子路问："有所闻即当有所行吗?"孔子说："你有父兄健在，怎么能听到就去实践呢?"冉有问："有所闻即当付诸行动吗?"孔子说"是的，听到以后就要去做。"公西华感到困惑，于是就问："仲由问'听到以后就要付诸实践吗?'您回答说'有父兄在,不能实践';冉求也同样问'听到以后就要付诸实践吗?'您回答说'听到了就要去做'。我实在不明白,同样的问题,回答却大相径庭。斗胆想问问老师。"孔子说:"冉求秉性柔弱退让,所以我激励他进取;仲由个性莽勇,所以我要约束他。"

【感悟】

（1）**因材施教是一条重要原则**。因材施教是理念,也是方法和艺术。上文所列内容是因材施教的经典案例,类似的案例《论语》中还有很多,如问孝、问仁等等。"因",就是根据;"材",就是资质;"施"就是施加;"教",就是教育。该原则要求,针对不同学生的个性特点和具体情况,采取有针对性的教育方法。针对同一个学生,也因时间、地点、事件和接受掌握的程度不同而采用不同的方法,以更好地启发学生。如樊迟几次问仁、问智,孔子的回答都不同。

（2）**尊重学生的个性特点**。实施因材施教,就是要求教师从学生的实际出发,使教学的深度、广度、进度适合学生的知识水平和接受能力,同时考虑学生的个性特点和个性差异,使每个学生的才能品行获得最佳的发展。正如朱熹所言:"圣贤施教,各因其材,小以小成,大以大成,无弃人也。"

（3）**怎样落实因材施教原则？** 教师落实因材施教原则:一要做好学情分析,深入细致地研究和了解学生,弄清每个学生的兴趣、爱好、性格特点、学习态度、知识基础、健康状况及家庭、社会背景等,学情分析是因材施教的前提,更是教师的一项基本功;二要面向全体学生,达到共同的基本要求(国家统一规定的教育目的和标准),共同进步是教育追求的目标;三要理性对待差异,承认个性差异,采取差别措施,鼓励扬长补短和个性发展,使每个学生的素质都得到全面和谐发展,才是成功的教育。

六、启发教育

子曰:"不愤不启,不悱不发。举一隅不以三隅反,则不复也。"(《论语·述而》)

【释义】

孔子说:"不到学生努力想弄明白,但仍然想不透的程度时,先不要去开导他;不到学生心里明白,却不能完善表达出来的程度时,先不要去启发他。如果他不能举一反三,就先不要往下进行了。"

【感悟】

(1)**启发式教育是一条重要原则。**学习《论语》我们会发现,孔子是启发式教育的鼻祖。在中国,"启发"一词源于孔子的"不愤不启,不悱不发"。孔子是中国最早也是世界上最早的提出启发式教育思想,并实践这一思想的人。在欧洲,后于孔子近百年的古希腊哲学家苏格拉底,他在培养学生的过程中形成了类似于启发式教育的"苏格拉底问答法",又称"苏格拉底产婆术"。

(2)**启发的核心是引导学生思考。**关于"愤、悱、启、发",宋代大儒朱熹解释说:"愤者,心求通而未得之意;悱者,口欲言而未能之貌。启,谓开其意;发,谓达其辞。"愤与悱是内在心理状态在外部言辞上的表现。《学记》提出"道而弗牵,强而弗抑,开而弗达",进一步阐发了启发式教育的思想,主张启发学生、引导学生,但不硬牵着他们走;严格要求学生,但不施加压力;指明学习的路径,但不代替他们达成结论。

(3)**启发式教育有自身的要求。**现代启发式教育既是一种教育指导思想,也是一种教育方法。教师根据教学任务和学习的客观规律,从学生的实际出发,采用多种方式,以启发学生的思维为核心,引导学生主动、积极、自觉地学习。其基本要求:一是强调学生是学习的主体,要调动学生的积极性;二是强调启发学生独立思考,促进学生智力充分发展;三是强调激发学生的内在动力,增强学生学习的责任感;四是强调理论与实践的联系,培养学生独立解决问题的能力;五是强调发扬教学民主,师生平等交流探讨。

(4)**教学过程需要创设"愤悱"状态。**从教学效果分析,"满堂灌""填鸭式"等教学都是低效的,教学的最佳状态是使学生处在"愤悱"的状态。教师要有意识创设教学情景,引导学生逐渐进入"愤悱"状态,让学生在思考中学习,在学习中思考,让学生在教师的点拨下豁然开朗,真正体验开其意、达其辞的成功和喜悦。

七、教学相长

子夏问曰:"'巧笑倩兮,美目盼兮,素以为绚兮。'何谓也?"子曰:"绘事后素。"曰:"礼后乎?"子曰:"起予者商也,始可与言《诗》已矣。"(《论语·八佾》)

【释义】

子夏问孔子:"'灿烂的笑容好看,美丽的眼睛流盼,都是因为用素粉来打扮啊。'这是什么意思呢?"孔子说:"这是说先有白底然后绘画。"子夏又问:"那么是否说礼仪是在有了仁德之心之后才产生的了?"孔子说:"能够启发我的人是卜商(你)呀,现在可以同你讨论《诗经》了。"

子贡曰:"贫而无谄,富而无骄,何如?"子曰:"可也。未若贫而乐,富而好礼者也。"子贡曰:"《诗》云:'如切如磋,如琢如磨',其斯之谓与?"子曰:"赐也,始可与言《诗》已矣,告诸往而知来者。"(《论语·学而》)

【释义】

子贡问:"贫穷而不谄媚,富有而不骄奢,怎么样?"孔子回答说:"可以吧。但还是比不上安贫乐道,富贵却谦虚好礼。"子贡说:"《诗经》上说'如切如磋,如琢如磨',说的就是这个道理吧?"孔子说:"子贡啊,我们可以一同研讨《诗经》了,告诉你以往的事,你就能因此知道未来的事。"

【感悟】

（1）**教学相长是一条规律**。《礼记·学记》指出:"是故学然后知不足,教然后知困。知不足,然后能自反也;知困,然后能自强也。故曰:教学相长也。"这段话告诉我们一条规律,在教学过程中,教师的教和学生的学是相辅相成的,师生之间可以互相促进、共同提高。

（2）**实现教学相长需要条件**。首先,教师和学生都要有责任心。其次,教师和学生都要有追求,都要不甘于平庸,以自己所希望达到的境界来树立人生志向,以一个良好的道德规范来约束自己。教师做任何事情都要宽容、善良、有爱心,将专业知识、教育技能内化于心,保证教育艺术的运用游刃有余。

内容小结

《论语》告诉我们的为师之道:以爱立教、立身为范、有教无类、诲人不倦、因材施教、启发教育、教学相长。

思考讨论

《礼记·学记》:"师者匠心,止于至善;师者如光,微以致远。"请谈谈你的理解。

延伸阅读

1.因材施教:问孝

《论语·为政》中有四处问孝,孔子答有不同,体现了因材施教的教育方法。

孟懿子问孝。子曰:"无违。"樊迟御,子告之曰:"孟孙问孝于我,我对日,无违。"樊迟曰:"何谓也?"子曰:"生,事之以礼;死,葬之以礼,祭之以礼。"

孟武伯问孝。子曰:"父母唯其疾之忧。"

子游问孝。子曰:"今之孝者,是谓能养。至于犬马,皆能有养;不敬,何以别乎?"

子夏问孝。子曰:"色难。有事,弟子服其劳;有酒食,先生馔,曾是以为孝乎?"

2. 四颗糖的故事

人民教育家陶行知,在担任育才学校校长期间,一次校园巡查时见一学生想用砖头砸另一学生,他及时制止了,并要这个学生到他办公室去。

学生先来到办公室,陶先生了解情况后也回到办公室,见到学生后他掏出一块糖说:"这是奖给你的,因为你尊重我,听从了我的话。"然后,他又掏出第二颗糖说:"这也是奖给你的,因为你准时到了这里,还比我到得早一些。"

当学生深感意外时,他又掏出第三颗糖说:"据我了解,是那个男生欺负一个女生,你才想用砖头砸他,这颗糖奖励你的正义感。"看到这种情况,学生感动得声泪俱下说:"老师,我知道错了,我不该用砖头砸他,因为他也是同学呀。"这时,陶先生又掏出第四颗糖说:"你敢于承认错误,这是奖给你的第四颗糖。"并说:"好了,我们今天谈话可以结束了。"

3. 张桂梅守望山区教育

张桂梅,原名张玫瑰,女,满族,中共党员,1957年6月生于黑龙江省牡丹江市,1975年12月参加工作,1998年4月加入中国共产党,云南省丽江华坪女子高级中学党支部书记、校长,华坪县儿童福利院院长(义务兼任),丽江华坪桂梅助学会会长。

张桂梅忠诚党的教育事业,坚守滇西贫困地区40多年,放弃优越的工作条件,毅然投身深度教育扶贫主战场,攻坚克难,执着奋斗,为当地教育发展和脱贫攻坚作出了重要贡献。

她矢志不渝，克服种种困难，努力阻断贫困代际传递，建成针对贫困山区家庭困难女孩的全国第一所全免费的女子高中，使1 600多名贫困家庭学生圆梦大学，托举起贫困家庭脱贫发展的希望与信心。

她立德树人，始终坚持一线言传身教，加强师生思想政治和理想信念教育，给予困难学生母亲般的呵护，深受师生和群众爱戴。

她敬业奉献，长期拖着病体忘我工作，将自己的工资、所获奖金和社会捐助诊疗费等100多万元全部用于兴教办学，在与时间赛跑和病魔抗争中，以实际行动兑现着自己"只要还有一口气，就要站在讲台上"的诺言，用不懈追求书写着不忘初心、牢记使命，为党和人民事业永远奋斗的绚丽人生。

张桂梅身上集中体现了一名人民教师绝对忠诚的政治品格、心有大我的家国情怀、教育为民的责任担当、爱生如子的高尚师德。张桂梅是教育战线脱贫攻坚工作中的优秀教师代表，是生动践行"四有"好老师标准的杰出榜样。

2020年12月3日，张桂梅被中共中央组织部授予"全国优秀共产党员"称号；12月10日，张桂梅被中央宣传部授予"时代楷模"称号。

2021年2月17日，张桂梅被评为"感动中国2020年度人物"；2月25日，张桂梅荣获"全国脱贫攻坚楷模"荣誉称号；6月29日，张桂梅被党中央授予"七一勋章"，并在"七一勋章"颁授仪式上发言。2021年11月，张桂梅获全国道德模范荣誉称号。

《论语》里的管理之道

管理是一个耳熟能详的词语。一般认为,管理是由决策、计划、实施、检查和反馈等环节构成的。从某种意义上讲,人人都是管理者,因为人人都有自我管理的问题。当然,人们常说的管理,多是指一个团队、一个单位、一个部门、一个地方等等。美国现代企业管理学大师德鲁克认为,管理的本质就是标准化、流程化、格式化。中国著名战略咨询专家王志纲在《行成于思:王志纲中国走势考录》一书中写道:"管理是什么?像一个方块,似一个圆弧,合在一起就像清朝时代作为货币流通的铜钱:内方外圆。"儒家经典《大学》所列"格物、致知、正心、诚意、修身、齐家、治国、平天下"八条目,告诉我们管理的本质要求是先修炼内功,后发挥外用。北宋宰相赵普说过,他靠半部《论语》治天下。今天,我们学悟《论语》,可以领悟蕴含其中的管理道理。

欲正别人,先端正好自己。

修德徙义,做到以德服人。

建章立制,以规矩成方圆。

履职尽责,做到忠诚担当

精勤以恒,相信天道酬勤。

仁者爱人,管理就是服务。

季康子问政于孔子。孔子对曰:"政者,正也。子帅以正,孰敢不正?"(《论语·颜渊》)

【释义】

季康子向孔子问政治。孔子答道:"'政'字的意思就是端正。您自己带头端正,谁敢不端正?"

子曰:"其身正,不令而行;其身不正,虽令不从。"(《论语·子路》)

【释义】

孔子说:"自我品行端正了,即使不发号施令,人们也会去实行;若自身不端正,即使三令五申,人们也不会去服从。"

子曰:"苟正其身矣,于从政乎何有? 不能正其身,如正人何?"(《论语·子路》)

【释义】

孔子说:"假若端正了自己的言行,治理政事还有什么困难呢? 连自身都不能端正,又怎么端正别人呢?"

子曰:"放于利而行,多怨。"(《论语·里仁》)

【释义】

孔子说:"依据自己的利益而行事,会招致许多怨恨。"

【感悟】

(1)**首先管理好自己**。管理的起点是修己,其终点是安人。管理虽然强调的是主事治事,但管理者的榜样作用非常重要。管理者要修身以正,"正"在哪些方面呢?在世界观、人生观和价值观,一言一行,所作所为,公道正派,廉洁自律等方面。德鲁克在其专著《卓有成效的管理者》一书再版时指出:"一般的管理学著作谈的都是如何管理别人,本书的目标则是如何有效地管理自己。一个有能力管好别人的人不一定是一个好的管理者,而只有那些有能力管好自己的人才能成为好的管理者。从很大意义上说,管理是树立榜样。"因此,管理者必须以身作则,率先垂范。"飞将军"李广就是靠以身作则赢得士兵们广泛爱戴的。

(2)**正直是第一品格。**正直包含无私、公正等特质,管理者必须具备正直的品格。要做到大公无私,因为有私心必然会导致不公平。要做到平等公正,因为公正才可能把一碗水端平。在一个组织中,如果管理者缺乏正直的品格,就是德不配位,不论其多么有知识、有才华、有成就,也必然会造成组织的重大损失。因为其破坏的是人心这种最宝贵的资源、破坏的是组织共同利益和工作成就。

(3)**管理的核心是人。**管理是为了实现某种目的而进行的决策、计划、组织、指导、实施、控制的过程。管理的目的是效率和效益,管理的核心是人,管理的本质是组织协调,组织协调的中心是人。管理者由具有一定管理能力、从事管理活动的人或人群组成,分基层管理者、中层管理者、高层管理者三个层次,每个层次的角色定位不同,职责任务也不同,但必须坚持以人为本,努力做一个正直的管理者。这样的管理者,首先要把责任放在第一位,淡化权力意识。其次,要做到集中的权力分散,隐蔽的权力公开,严格自律,不以权谋私。再次,坚持以制度管理,建立完善的制度和监督体系,能有效进行权力的制约和控制。最后,坚持人性化管理,平等对待员工,多与员工沟通,形成良好的人际关系。

子曰:"为政以德,譬如北辰,居其所而众星共(gǒng,通拱)之。"(《论语·为政》)

【释义】

孔子说:"以德作为政治的根本,便会像北极星一样,安然地在自己的位置上,别的星辰都环绕着它。"

子曰:"道之以政,齐之以刑,民免而无耻。道之以德,齐之以礼,有耻且格。"(《论语·为政》)

【释义】

孔子说:"用政法来引导老百姓,用刑罚来整顿老百姓,老百姓只会暂时免于罪过,却没有羞耻之心。如果用道德来引导老百姓,用礼仪来规范老百姓,老百姓不但有羞耻之心,而且会纠正自己的错误。"

【感悟】

(1)**坚持以人为本**。以人为本是儒家文化一个重要观念,已经内化为中国管理学的一个突出特点。儒家文化认为人性是可塑的,强调人性可以通过道德教化进行转变,正所谓"性相近也,习相远也"。基于这种文化的影响,中国式管理是一种柔性管理。道德教化、情绪感染和领导魅力成为这种管理的主要特征。儒家文化主张为政以德,是一种德治观念,强调道德对政治生活的决定性作用,认为"德"是治理国家、取得民心的主要方法,应当坚持"明德慎罚"的原则,推行仁政、宽惠柔民等等。可以这样说,德治是儒家文化区别于其他各学派管理思想最突出的标志。

(2)**人无德不立**。做人讲人品,做官重官德。位高不一定品高,心高不一定德高。管理者作为一类"官"，必须德才兼备、以德为先。德是管理者的立身之本、管理之基。一个管理者只有明大德、守公德、严私德，其才能方用得其所。新时代的管理者要认真践行和弘扬社会主义核心价值观。习近平总书记曾强调："核心价值观，其实就是一种德，既是个人的德，也是一种大德，就是国家的德、社会的德。"

（3）**常修管理之德**。修德是不断学习、实践、内省、修正的过程，是不断改造自己世界观、人生观、价值观的过程。修德是自律的前提，以德服人是管理的重要手段，只有以道德品质作为主要的准绳，才能够让人心悦诚服，才能有效避免管理的失败。诸葛亮七擒孟获的故事，就是落实以德服人、让人心悦诚服的典型案例。

三、约之以礼

有子曰："礼之用，和为贵。先王之道，斯为美，小大由之。有所不行，知和而和，不以礼节之，亦不可行也。"（《论语·学而》）

【释义】

有子说："礼的作用，在于使人的关系变得更加和谐。过去圣明君主治理天下，最可贵的地方就在这里。但是，小事大事都循此而行，有些事就不一定能行得通了；一味地追求和谐，不用礼仪制度节制，也是行不通的。"

子曰："兴于《诗》，立于礼，成于乐。"（《论语·泰伯》）

【释义】

孔子说："德行与修养从学习《诗经》开始，依靠礼仪立足于世间，于《诗》启发心志，自立于礼，完成于乐。"

【感悟】

（1）**"礼"的内涵非常丰富。**"礼"是孔子思想的主要内容之一。"礼"就是各种社会规范或准则，包括做人做事、入仕为政和日常生活中的各种规矩。在中国文化体系中，"礼"具有非常重要的意义，仅仅靠道德说教是远远不够的，需要用"礼"来进行调整，所谓"无以规矩，不成方圆"就是这个道理。

（2）**"礼"的引申就是制度。**制度是一个宽泛的概念，一般是指在特定社会范围内统一的、调节人与人之间社会关系的一系列习惯、道德、法律、戒律、规章等的总和，它包括正式约束、非正式约束和实施机制等。通俗地讲，制度就是要求大家共同遵守的办事规程或行动准则。在现代管理中，制度非常重要，不可或缺。制度具有指导性和约束性、鞭策性和激励性、规范性和程序性等特点。用制度管人、管事、管权、管流程，已经成为普遍共识和通行做法。

（3）**制度创新是重要的创新。**创新是一个民族的灵魂，是一个国家兴旺发达的不竭动力。创新的形式和内容千差万别，类型也多种多样，但可以分为两种类型：技术创新、制度创新。技术创新是社会发展的"硬件"，制度创新则是社会进步的"软件"，它们对社会的进步和发展起着关键性的作用，改变着人们的思维方式和行为方式，激发出人们的创造热情，成为社会变革和进步的动力之源。制度创新能够有效改善管理状态，有力提高管理绩效。大家熟悉的七人分粥的故事、降落伞合格率如何提高到100%的故事都是制度创新的典型例子。

四、行之以忠

子张问政。子曰："居之无倦，行之以忠。"（《论语·颜渊》）

子张问怎么治理政事。孔子说："身处其位一刻也不能懈怠,执行政令要忠实。"

子张问行。子曰:"言忠信,行笃敬,虽蛮貊之邦,行矣。"(《论语·卫灵公》)

【释义】

子张问怎样才能行得通。孔子说："言语忠诚老实,行为笃厚恭敬,即使到了别的部族或国家,也行得通。"

子曰:"主忠信,徙义,崇德也。"(《论语·颜渊》)

【释义】

孔子说："以忠厚诚信为主,行为总是遵循道义,这样就可以提高品德了。"

【感悟】

(1)**忠信方可立身**。古人强调行之以忠,就是要做到忠信立身。自古以来,忠诚守信都是人的立身之本。中国典籍《忠经》上说,"忠者,中也,至公无私。忠也者,一其心之谓矣。"千古智圣诸葛亮就是一个行之以忠、鞠躬尽瘁、死而后已的典范。唐代诗人杜甫在《蜀相》中赞道:"三顾频烦天下计,两朝开济老臣心。出师未捷身先死,长使英雄泪满襟。"

(2)**忠诚是首要品德**。古人曰:"天下至德,莫大乎忠。"忠诚不仅是一时一事的坚持,还是一生一世的坚守。管理者需要忠诚,普通人同样需要忠诚,都要忠诚于祖国和人民,忠诚于单位和事业,忠诚于家庭和家人,忠诚于朋友和同事,等等。忠诚与背叛,历来为人们所赞扬和鞭挞,古今中外,概莫不如此。三国时期的第一猛将吕布,骁勇善战,被称为"人中吕布,马中赤兔",但是他没有忠诚之心,被骂为"三姓家奴",为人所不齿,最终被曹操所杀。

（3）**守干净能担当**。一个管理者,在履职尽责中既要做到忠诚,也要做到干净和担当。要坚持清清白白做官,干干净净做事,老老实实做人。要坚持知敬畏,存戒惧,守底线,正确处理好公私、义利、是非、情法、亲清、俭奢、苦乐、得失的关系。要坚持勇于担当,敢于负责,积极作为,勇挑重担,做到只为成功想办法,不为失败找理由,始终保持奋发有为的精气神。

五、成之以勤

子路问政。子曰:"先之,劳之。"请益,曰:"无倦。"(《论语·子路》)
【释义】
子路问执政之道。孔子说:"先给百姓做榜样,然后安排其工作。"子路请求多讲一些,孔子又说:"勤勤恳恳地工作。"

子曰:"君子耻其言而过其行。"(《论语·宪问》)
【释义】
孔子说:"说得多,做得少,君子认为是可耻的。"

子曰:"不患无位,患所以立;不患莫己知,求为可知也。"(《论语·里仁》)
【释义】
孔子说:"不发愁自己没有职位,只发愁没有安身立命的本领;不怕没有人了解自己,只追求可以让人了解自己的真本领。"

【感悟】
（1）**业广惟勤**。古人云:"功崇惟志,业广惟勤。"一勤天下无难事,精勤以恒是成就一番事业的金钥匙。早起的鸟儿有虫吃、书山有路勤为径等名言名句都强调了"勤"的重要性。其实，勤能补拙，勤能兴家，勤能治事。晚清重臣曾国藩就是"成之以勤"的典型。

（2）**事业都是干出来的。**"撸起袖子加油干"入选 2017 年度中国传媒十大流行语，这告诉人们无论在什么时代，事业都是干出来的，幸福都是奋斗出来的。时代在变化，社会在发展，但不管怎样变化发展，都应该力戒空谈、崇尚实干，因为空谈只会误国，实干才能兴邦。

（3）**做个好的管理者。**要成为一个好的管理者，成为一个团队的中流砥柱，必须增强想干事、能干事、干成事、善共事、干好事的意识和能力。第一，要明确组织的发展愿景与目标。愿景引领组织发展方向，目标明确工作重点，推动整体进步。第二，要激发组织的激情与创造力。营造积极的工作氛围，分享工作经验，提供发展机会，使组织具有活力和竞争力。第三，要建立组织的良好沟通与反馈机制。及时了解组织成员的需求想法，及时解决问题，确保信息畅通和工作高效推进。第四，要培养组织的有效合作与协作精神。设立团队目标、建立协作机制、强调整体利益，以实现共同目标。第五，要增强组织的持续学习能力与发展意识。只有学习新知识，关注新动态，适应新变化，形成新能力，才能走向新成功。

六、养之以仁

子张问仁于孔子。孔子曰："能行五者于天下为仁矣。"请问之，曰："恭、宽、信、敏、惠。恭则不侮，宽则得众，信则人任焉，敏则有功，惠则足以使人。"（《论语·阳货》）

【释义】

子张问孔子什么是仁。孔子说："能够处处践行五种品德，就是仁了。"子张说："请问五种品德是什么？"孔子说："恭敬、宽厚、诚信、勤敏、慈惠。

恭敬就不会遭受侮辱,宽厚就能得到众人的拥护,诚信就能得到别人的任用,勤敏就能取得功绩,慈惠就能使唤别人。"

宽则得众,信则民任焉,敏则有功,公则说。(《论语·尧曰》)

【释义】

宽厚就能得到民众的拥护,诚信就能得到民众的信任,勤勉做事就能取得功绩,公平公正就会使民众心悦诚服。

【感悟】

(1)**仁人可仁治**。管理者要努力成为仁人,修养恭、宽、信、敏、惠的美德,在管理过程中努力践行仁德,就能够获得员工的认可和尊重。恭敬,就能赢得员工的重视;宽厚,就能赢得员工的拥戴;诚信,就能赢得员工的信任;勤敏,就能带领员工取得事业的进步;慈惠,就能赢得员工的尊敬。

(2)**宽厚能成事**。宽厚是社会和谐之源,也是中华文明的根本。宽厚的内涵丰富,它可以是一种心态、一种精神、一种标准,也可以是一种行为、一种能量、一种境界。人类一切心智意念与实践活动,都可以赋予宽厚的内涵。宽厚是道,道不远人;宽厚是德,行善即成。宽容厚载,恕人忠事,天人合一,和谐共生,这些文明智慧和行为准则已成为我们的民族心态。俗话说"宰相肚里能撑船"。

(3)**勤者得多助**。凡欲有所成就者,都要依靠自己的奋斗和外界的帮助。勤奋是在为自己的成就奠定基础,宽厚与公平待人则是在为自己获得外界帮助创造条件。

内容小结

《论语》告诉我们的管理之道:帅之以正、导之以德、约之以礼、行之以忠、成之以勤、养之以仁。

思考讨论

有人说,修好人之"五常"(仁、义、礼、智、信)基本功,就有了做管理者的素质和底气。请谈谈你是怎样理解的?

延伸阅读

1."飞将军"身正令行的故事

李广,陇西成纪人,西汉名将,善骑射,人称"飞将军"。公元前121年夏季,汉武帝组织了第二次对匈奴的大战役——河西战役。李广率领四千精锐先行,不料被四万匈奴骑兵团团包围。处在十倍于己的敌阵之中,将士们都有些胆寒。如何才能稳住军心,激发斗志,战胜敌人呢?李广想,只有趁敌阵未稳,派人冲击,打敌人个措手不及。但是,这既要有足够的勇气和武艺,还要有不怕牺牲的精神。派谁去呢?对,就让儿子李敢去率队冲锋。此时此刻,李广当然没有忘记出征前夫人的千叮咛万嘱咐,要他好好照顾儿子。可是,大敌当前,大丈夫马革裹尸在所不惜,又怎能吝惜儿子而耽误大事呢?李敢不负父命,率领骑兵直插敌阵,以迅雷不及掩耳之势杀入重围,旋而平安归队。一归队,李敢就提起嗓子大声说:"匈奴骑兵没什么可怕的,很好对付。"士兵们早已被李广派子冲锋陷阵的行为深深感动,又看到李敢冲锋杀敌,顺利归队,顿时士气大振。李广乘势命令士兵们背向里、脸朝外,摆成圆阵,剑拔弩张,严阵以待,摆出一副决一死战的姿态。他命令军士把弓拉满,弦上紧,瞄准目标,引而不发。他自己刚拉开那张著名的大黄弩弓,"嗖嗖"地一连射杀了好几个冲在前面的匈奴副将。

经过一天激战,汉军已经所剩不多。李广却始终镇定自若。士兵们看到他的行止与往常一样,心里踏实多了。而他一直等到士兵们个个有水喝,人人吃饱饭,才自己喝水、吃饭。这使士兵们深受鼓舞,无不下决心再战。第二天,天刚蒙蒙亮,匈奴骑兵就利用优势兵力发动猛攻。可汉军士兵个个奋勇,顽强抵抗。正在危急关头,张骞率大军赶到。匈奴见大势已去,匆忙撤退。就这样,在众寡悬殊的战斗中,李广以巧妙的指挥才能和身先士卒的战斗精神赢得了时间,避免了全军覆没,牵制了匈奴兵力,为河西战役的胜利创造了有利条件。司马迁曾引用古人的话发表评论:"'其身正,不令而行;其身不正,虽令不从。'其李将军之谓也?"唐代诗人王昌龄高度赞赏李广,其诗作《出塞》传诵古今,诗云:"秦时明月汉时关,万里长征人未还。但使龙城飞将在,不教胡马度阴山。"

2."三姓家奴"吕布的故事

"三姓家奴"的典故出自罗贯中的《三国演义》,张飞大骂吕布为"三姓家奴"。吕布本身姓吕,父亲早逝,认并州刺史丁原为义父,后吕布杀了丁原,投靠董卓,拜董卓为义父,之后为了貂蝉,又不惜与董卓反目,杀了董卓。一个生父,两个义父,吕布历经三姓,是以称"三姓",古代讲究从一而终,像吕布这样的行为很令人不齿,于是被张飞骂为"三姓家奴"。不忠不孝之人,终无好结果,吕布后来被曹操擒获,又想投靠曹操,最终被杀。

3.诸葛亮七擒孟获的故事

七擒孟获,又称南中平定战,是建兴三年(公元225年)蜀汉丞相诸葛亮发动平定南中的战争。当时,朱褒、雍闿、高定等人叛变,南中当地酋长、地方豪强孟获参与其中。诸葛亮亲率大军南下,决定要平定南中。诸葛亮将孟获先后捉住七次,又放了七次。当第七次放孟获时,他心服口服,真正服输,当即表态,忠诚蜀汉,永不反叛。

4.七人分粥的故事

有七个人住在一起,每天分一大桶粥。要命的是,每天的粥都是不够的。如果不能均匀分配的话,大家肯定都有意见,心里都有自己的想法,但没人说出来,导致分歧越来越多。

一开始,他们抓阄决定谁来分粥,每天轮一个。于是每周下来,他们只有一天是饱的,就是自己分粥的那一天。

后来他们开始推选出一个道德高尚的人来分粥。强权就会产生腐败,大家开始挖空心思去讨好他、贿赂他,使整个小团体乌烟瘴气。

然后大家开始组成三人的分粥委员会及四人的评选委员会,互相攻击扯皮,粥吃到嘴里全是凉的。

最后想出来一个方法:轮流分粥,但分粥的人要等其他人都挑完后拿剩下的最后一碗。为了不让自己吃到最少的,每人都尽量分得平均,就算不平,也只能认了。大家快快乐乐,和和气气,日子越过越好。

同样是七个人,不同的分配制度,就会有不同的结果。一个单位如果有不好的工作习气,一定是机制问题,没有严格的奖勤罚懒,导致工作不愉快、员工不团结。如何制订好的制度,是管理中的重要问题。

5. 降落伞合格率达到 100% 的故事

第二次世界大战初期,美国空军降落伞合格率为 99.9%,这意味着每一千个就有一个出事。对于这种重要的战略性产品而言,这非常影响士气,军方要求必须达到 100%,厂家表示很难满足要求。最后,美军想出了一个微小创新,后来被称为"降落伞规则":军方不再考查合格率了,改变检查质量的制度,决定在每次交货的降落伞中随机挑出一两个,让厂家最主要的负责人亲自从飞机上往下跳。结果呢?奇迹出现了,不合格率很快降为零。

6. 曾国藩成之以勤的故事

曾国藩小时候,在一个严冬的晚上,天气非常寒冷,一般人家都早早熄灯睡觉了,但他仍在埋头苦读。那晚,一个小偷早就悄悄进去,趴在曾国藩读书的房梁上,打算等曾国藩读完书熄灯睡觉后偷东西。曾国藩正在背诵范仲淹的《岳阳楼记》:"庆历四年春,滕子京谪守……谪守巴陵郡。越明年,政通人和……百废俱兴……"他一遍遍地读,然后一遍遍地背,但读得、背得都磕磕巴巴的。一小时过去了,两小时过去了,三小时过去了,曾国藩还是没有背会。那个小偷忍无可忍,说道:"你这么笨还读书干什么?我都背下来了!"说完,他将全文一字不漏地背出,背完后扬长而去,曾国藩当时惊呆了。曾国藩虽然天分不高,却通过自己的勤奋努力成就了一番事业,成为晚清重臣。正所谓"勤能补拙是良训,一分耕耘一分收获"!

7. 宰相肚里能撑船的故事

三国时期的蜀国，在诸葛亮去世后任用蒋琬主持朝政。他的属下有个叫杨戏的人，性格孤僻，讷于言。蒋琬与他说话，他也是只应不答。有人看不惯，在蒋琬面前嘀咕说："杨戏这人对您如此怠慢，太不像话了！"蒋琬坦然一笑，说："人嘛，都有各自的脾气秉性。让杨戏当面说赞扬我的话，那可不是他的本性，让他当着众人的面说我的不是，他会觉得我下不来台。所以他只好不作声了。其实，这正是他为人的可贵之处。"后来，有人赞蒋琬"宰相肚里能撑船"。

《论语》里的生活之道

人人都要生活,衣食住行是基本需求。鲁迅先生说,人活着,一要生存,二要温饱,三要发展。孙中山先生在《民生主义》第三讲指出:"大家都能各尽各的义务,大家自然可以得衣食住行的四种需要。"美国心理学家马斯洛的需求层次论,把生理需求列为人第一层次的需求。

现代中国,已经全面建成小康社会,生存不是问题,人们有了更美好的向往。生活中不缺乏美,只是需要人们去发现美、欣赏美,提高审美能力。穿衣之美,不能只看品牌,因为品牌并不代表品位。食物之美,不能止于果腹,因为果腹并不代表健康。居住之美,不能止于有套房子,因为房子并不等于家。出行之美,不能止于到达某个地方,因为到达并不代表诗意欣赏。中国古人很重视生活体验,形成了很多生活智慧,《论语》中就有很多生活的道理。

人靠衣装,要衣之有容。

病从口入,要食之有节。

住有定所,要居之有雅。

知行合一,要行之有礼。

享受自然,要游之有方。

快乐自寻,要乐之有度。

子曰:"士志于道,而耻恶衣恶食者,未足与议也。"(《论语·里仁》)

【释义】

孔子说:"读书人有志于德行的修养,却以敝衣陋食为耻辱,这种人是不值得跟他谈论真理的。"

子曰:"麻冕,礼也;今也纯,俭;吾从众。"(《论语·子罕》)

【释义】

孔子说:"用麻料编制礼帽,这是合乎传统礼制的;今天大家选用丝料来制作礼帽,这样俭省些,我赞同大家的做法。"

子曰:"衣敝缊袍,与衣狐貉者立,而不耻者,其由也与?'不忮不求,何用不臧?'"子路终身诵之。(《论语·子罕》)

【释义】

孔子说:"穿着破旧的麻絮袍子,同穿着狐貉皮裘衣的人站在一起,却不感到羞耻的,恐怕只有仲由吧?《诗经》里说:'不嫉妒,不贪求,有什么不好呢?'"子路终身都在诵读体悟着这句话。

"君子不以绀(gàn)緅(zōu)饰。红紫不以为亵服。当暑,袗(zhěn)缔(chī)绤(xì),必表而出之。缁衣羔裘;素衣麑裘;黄衣狐裘。亵裘长,短右袂。"(《论语·乡党》)

【释义】

"君子不用绀色(深青透红)和緅色(黑中有红)的布给衣服镶边。浅红色和紫色的布料不用作平日居家所穿的便服。在夏天,穿着粗的或细的葛布单衣,一定是套在外面。穿羊皮袍配黑色罩衫,穿鹿皮袍配白色罩衫,穿狐皮袍配黄色罩衫。平常在家穿的衣服要做得略长,右边的袖子较短。"

【感悟】

(1)**注重内在修养**。苏轼有诗云:"粗缯大布裹生涯,腹有诗书气自华。"这句诗告诉人们要注重学习,提升内在的修养和实力,不要太在意穿着衣服是否华丽,要树立正确的观念,虽然衣着很重要,但德行修养更重要。如果一个人过分计较衣着打扮,那就是追求享受、贪图虚荣,是难以有所作为的。

(2)**展示良好形象**。中华文化博大精深,服饰文化是其重要内容之一。自古以来,中国就是一个衣冠王国,服饰的样式、线条、色彩等都有文化的寓意和艺术的品位。俗话说,"爱美之心人皆有之""人靠衣装马靠鞍""云想衣裳花想容"。随着经济的发展、社会的进步,人们生活条件越来越好,适当讲究服饰搭配,既是自我形象的展示,也是对别人的尊重。

(3)**穿衣是一门学问**。怎样穿衣虽然是个人的事情,但是穿衣却是一门学问,也是一门艺术。一般来说,穿衣有三种境界,一是和谐,二是美感,三是个性。不同的人,不同的职业,不同的场所,都有不同的穿衣要求。职场上的着装是有规范的,如端庄大方、简单方便、儒雅沉静等,也是有禁忌的,如女士不能穿露背装、吊带装、超短裙,男士不能单穿背心、短裤等进入工作场地。总的来说,公众场合的着装要做到"七忌":一忌太脏,二忌太露,三忌太透,四忌太短,五忌太紧,六忌太花哨,七忌太怪异。

二、食之有节

"食不厌精,脍不厌细。"(《论语·乡党》)

【释义】

饭食尽可能地以精美为好,肉食尽可能地进行精细加工。

"食饐(yì)而餲(ài),鱼馁而肉败,不食。色恶,不食;臭恶,不食;失饪,不食;不时,不食;割不正,不食;不得其酱,不食;肉虽多,不使胜食气。唯酒无量,不及乱。沽酒市脯,不食。"(《论语·乡党》)

【释义】

食物经久霉变,鱼和肉腐烂了,不吃。饭菜的颜色难看,不吃。饭菜变质发出异味,不吃。烹饪得不好,不吃。不时新的东西,不吃。肉切得不方正,不吃。调味酱汁配得不对,不吃。席上肉虽多,吃肉不能超过主食。只有酒不限量,但不能喝醉。买来的酒和肉干不吃。

"虽疏食菜羹,瓜祭,必齐如也。"(《论语·乡党》)

【释义】

平时生活,即使是粗茶淡饭清汤,也一定先献祭,并且要恭恭敬敬地和正式斋戒一样。

【感悟】

(1)**民以食为天**。吃在人们生活中十分重要。古人造"吃"字用了"口"和"乞"的组合,可见古人为乞求到一口食物的艰辛。为了吃,人们披星戴月、终年忙碌;为了吃,人们忍辱负重,甚至流离失所。吃成为人们生活里一件重要内容,想想过去人们见面打招呼时的口头语"吃了没有",看看我们的词汇中"吃"的词组,"吃力""吃苦""吃亏""吃紧""吃惊""吃不消"等等。古人讲的开门七件事,件件都与吃相关。可见,吃是多么重要!中国人现在不仅吃饱穿暖了,而且整体达到了小康,正沿着共同富裕的康庄大道前进,这是中国共产党人深厚为民情怀的体现!

(2)**病从口入**。人不吃不喝不行,否则无法生存;但是乱吃乱喝也不行,否则病从口入。饮食的安全至关重要,健康的饮食要坚持食物安全原则,做到荤素合理搭配,三餐按时获取营养,每顿饭别吃得太饱,尽量少吃不健康的食物。

(3)**粗茶淡饭也有乐**。人有物质上的需要,吃喝拉撒少不了;人也有精神上的追求,腹有诗书气自华。从马斯洛的需求层次理论来看,口腹之乐重要,精神愉悦更重要。一个人,只要内心平静安乐,吃着粗茶淡饭,一样有滋有味。

(4)**饮食是一种文化**。中国饮食文化源远流长。饮食是最具烟火味的文化,饮食烹调是一门学问高深的艺术。中华美食誉满天下,在发展过程中逐步形成了很多菜系,如八大菜系等。饮食文化是最能反映民族特色和地区特点的物质文化形态之一,也是社会风俗的重要组成部分。自古以来,人们到各地旅游时首先想到的是特色菜肴和风味小吃。现在,各地在发展旅游产业时,经常念的"吃住行游购娱"六字经中,依然把"吃"放在第一位。

(5)**用餐要讲文明**。用餐文明是社会文明的重要组成部分,要学习并养成良好的用餐习惯,如饭前要洗手,就餐先请尊长、客人入席,入席坐姿要端正,点菜不宜超分量,注意节俭,注意使用公勺公筷,公共场所用餐不要大声喧哗,等等。用餐文明,提倡的是一种健康、节约、和谐的生活方式,应当成为现代人的一种基本修养。

✒️ 三、居之有雅

子欲居九夷。或曰:"陋,如之何?"子曰:"君子居之,何陋之有?"(《论语·子罕》)

【释义】

孔子想到边远地区去居住。有人说:"那里非常简陋,如何能够长久居住呢?"孔子说:"君子居住的地方,还有什么简陋的呢?"

子谓卫公子荆:"善居室。始有,曰:'苟合矣。'少有,曰:'苟完矣。'富有,曰:'苟美矣。'"(《论语·子路》)

【释义】

孔子评论魏国的公子荆说:"他善于居家过日子。刚开始有一点财产,便说:'差不多够了。'稍微增加一些,便说:'差不多足够了。'当财产达到富有时,便说:'真是太完美了。'"

子曰:"里仁为美。择不处仁,焉得知?"(《论语·里仁》)

【释义】

孔子说:"居住在仁爱的邻居乡里多好啊。选择住处不是跟有仁爱的人在一起,怎么能说是智慧的呢?"

【感悟】

(1)**人人怀有家园梦**。人类祖先从树上来到地上的那一刻,就在寻找一个安全、温暖、可以容身的居所。从远古时代的洞穴,到奴隶社会的茅屋,到封建时期的砖瓦结构房屋,到民国时期的中西合璧建筑,到中华人民共和国成立后20世纪五六十年代的"有啥住啥"、70年代的集体筒子楼、80年代的独立单元房、90年代的市场化商品房,再到21世纪的现代化小区式综合住宅,这一演变过程深刻地反映出人类居住环境的发展历程。2 000多年前,孟子提出了一个家园梦"居者有其屋"。唐代诗人杜甫有一个感慨"安得广厦千万间,大庇天下寒士俱欢颜"。几千年来,人们一直在追求一个非常诱人的词汇——安居,住进属于自己的房子。今天的中国,人们已经实现了居有所居的目标,正在向居有安居的目标前进。

(2)**德性修养能润屋**。居住得陋与不陋,不在于房子的简单与豪华,而在于居住者本身品德是否高尚。学一学刘禹锡的《陋室铭》,能以"君子居之,何陋之有"的态度审视自己的住所,也许就不会怨天尤人了。在物质生活方面,要学会知足常乐,老子说:"祸莫大于不知足。故知足之足,常足矣。"知足者常乐。

（3）**环境对人影响大,正所谓"近朱者赤,近墨者黑"**。以德为邻,依仁而居,择善而处,自古至今皆如此。孟母三迁的故事传颂千古,正说明了环境对人的成长的重要性。

四、行之有礼

"孔子于乡党,恂(xún)恂如也,似不能言者。其在宗庙朝廷,便便言,唯谨尔。"（《论语·乡党》）

【释义】

孔子回到家乡,非常恭顺,好像不善言辞的样子。而他在宗庙祭祀或朝廷议政的时候,却能侃侃而谈,而且他的言辞谨慎明确。

"乡人饮酒,杖者出,斯出矣。乡人傩,朝服而立于阼阶。"（《论语·乡党》）

【释义】

乡人常行饮酒礼,孔子必定先礼送老年人起身,自己才走出来。乡人举行驱逐疫鬼的风俗活动,孔子就穿着官服恭敬地在东边的台阶上站立。

"子绝四:毋意、毋必、毋固、毋我。"（《论语·子罕》）

【释义】

孔子拒绝四种行为:不凭空揣测,不武断肯定,不固执己见,不自以为是。

孔子曰:"君子有三戒:少之时,血气未定,戒之在色;及其壮也,血气方刚,戒之在斗;及其老也,血气既衰,戒之在得。"(《论语·季氏》)

【释义】

孔子说:"君子处世有三件事应该警惕戒备:年轻的时候,气血未定,警惕迷恋女色;等到壮年,气血正盛,警惕争强好斗;等到老年,气血已经衰退,警惕贪得无厌。"

【感悟】

(1)**自身修养要提升**。人与人交往是生活、工作中不可或缺的活动。人在交往中的言谈举止都要符合礼仪规范。人生之路虽然漫长,但紧要处只有几步。多读些书,多些交往,长见识,养胸怀,不断充实自己、完善自己。人们常说:不登高山,不知天之高也;不临深谷,不知地之厚也。

(2)**待人接物要有礼**。不同的场合,对待不同的人,处理不同的事情,应该有不同的行为方式,这些既是礼仪规范的要求,也是为人处世的方法技巧,更是做人的基本素养。比如尊老爱幼,是中华民族的传统美德,是一个人德行修养的重要表现。"老吾老以及人之老,幼吾幼以及人之幼。"这种爱心和美德已经深深根植于中华民族,成为我们的一种基本美德,无论什么时代都应当被发扬光大。

(3)**言谈举止勿极端**。臆测、武断、固执、自以为是四种比较极端的行为,容易导致人们犯下错误。注意修身养性,做到知行合一,培养宽容的心态,锻炼理性的思维,这样就可以避免冲动、盲从和感情用事。

(4)**人生戒惧要保持**。修身养性是人一辈子的大事,要活到老,修养到老。在人生的各个阶段,都要涵养志气,时刻警惕欲念,不被气血驱动。青少年时期不要沉迷美色,要勤学勤干,增强能力素质;中年的时候不要逞强斗狠,要严己宽人,实现合作共赢;老年的时候不要贪图名利,要知足常乐,提升人生境界。

子曰:"父母在,不远游,游必有方。"(《论语·里仁》)

【释义】

孔子说:"父母还在的时候,子女不远行。如果出远门,也要有一定的方向。"

子曰:"何伤乎? 亦各言其志也。"曰:"莫(mù,通暮)春者,春服既成,冠者五六人,童子六七人,浴乎沂,风乎舞雩(yú),咏而归。"夫子喟然叹曰:"吾与点也!"(《论语·先进》)

【释义】

孔子说:"那有什么妨碍呢? 也不过是各人谈谈志愿罢了。"曾皙说:"暮春时节,春天的衣服已经穿上了。我和几个成年人、几个孩童到沂水里入水而浴,在舞雩台上吹吹风,一路唱着歌儿回来。"孔子长叹一声说:"我赞同你的想法呀!"

【感悟】

(1)**外出要守孝悌**。古代社会,交通不便,音讯难及。如果外出旅游,没有把父母安顿好,又没有告诉父母具体的地方,那么当父母急切有需要时难以联系,可能出现终生之恨。即使在现代社会,也不能说走就走地去旅行,也应有目标、攻略,让家里人知道,随时保持联系,以免家人担忧。俗话说:"儿行千里母担忧。"不管是在古代,还是在现代,父母担忧儿女的心情永远不变。

(2)**春风可吹旧愁**。现代社会人们都很忙碌,需要进行适当调节,比如走进大自然里,看看田园风光,呼吸新鲜空气,欣赏绚丽美景。生活中免不了忧愁,排忧解愁方式方法较多,比如外出旅游一次。自古以来,人们都喜爱春游,春暖花开的季节,风里藏着春的味道,听花开的声音,可以让心灵静下来。宋代诗人刘翰有诗云:"东风吹尽去年愁,解放丁香结。"在春水初生、春林初盛的春天,赴一场花的约会,多美妙的生活呀!唐代诗人罗邺在《春游郁然有怀赋》中写道:"芳草和烟暖更青,闲门要路一时生。年年点检人间事,唯有春风不世情。"

(3)**山水能够怡情**。用水的天然特征比拟智者的品格性情,用山的天然特征比拟仁者的品格性情,既形象生动,又理性可感。南宋大儒朱熹说:"知者达于事理而周流无滞,有似于水,故乐水;仁者安于义理而厚重不迁,有似于山,故乐山。"是啊,智慧的人通达事理,如同永不停滞的流水,自然喜欢水的品质;仁厚的人安于事理,如同厚重永恒的大山,当然喜欢山的品德。纵观孔子的一生,既可显山也能见水,实现了仁与智的完美结合。自古以来,人们喜欢游山玩水,经常流连忘返,寄情于山水间,怡情于山水间,在这个过程中身心得到了洗礼,精神得到了净化。

六、乐之有度

子曰:"益者三乐,损者三乐。乐节礼乐、乐道人之善、乐多贤友,益矣;乐骄乐、乐佚游、乐宴乐,损矣。"(《论语·季氏》)

【释义】

孔子说:"有益的爱好有三种,有害的爱好也有三种。喜欢有节制的礼仪音乐,喜欢称述他人良好的德行,喜欢结交诸多贤德的朋友,这都是有益的。喜欢骄纵作乐,喜欢安逸游乐,喜欢宴饮取乐,则是有害的。"

子曰:"富与贵,是人之所欲也;不以其道得之,不处也。贫与贱,是人之所恶也;不以其道得之,不去也。"(《论语·里仁》)

【释义】

孔子说:"富有与显贵,是人人所想拥有的。但是,如果使用不合乎道义的手段得到,宁可不享有。穷困与贫贱,是人人所厌弃的。但是,如果用不正当的手段摆脱它,宁可不摆脱。"

子曰:"饭疏食饮水,曲肱而枕之,乐亦在其中矣。不义而富且贵,于我如浮云。"(《论语·述而》)

【释义】

孔子说:"吃的是粗粮,饮用的是清水,弯着胳膊做枕头,乐趣也就在其中了。用不正当的手段获得的富贵,在我看来就像浮云一样啊。"

【感悟】

(1)**快乐也有损益**。人的快乐有正向的,也有负向的,正如孔子论及的益者三乐和损者三乐。正向的快乐有益于人的身心健康和德性修为,而负向的快乐则有损人的身心健康和德性修为。人生需要快乐,但要区分损益,要以更多正向的快乐来温暖自己、温暖他人、温暖社会。

(2)**兴趣爱好要健康**。人人都有兴趣爱好,对于兴趣爱好,应当以义思之,以礼约之。人人都要培养健康的、高尚的兴趣爱好,要避免怪异的、低俗的不良嗜好。人生在世,要保持清醒头脑,有所为有所不为。无论富贵与贫穷,都要修养品行。世上没有不劳而获的美事,凡事都是要付出代价的。身处寒微之时,要积极拼搏上进,努力改变处境;功成名就之时,要注意戒奢戒骄,事事坚守道义。

(3)**行仁义是快乐的**。子曰:"己所不欲,勿施于人。"此乃仁义之根本,亦是快乐之源泉。我们以仁爱之心待人,以公正之行处世,内心自然充满宁静与喜悦。行仁义,不仅是对他人的关爱与尊重,更是对自身德行的修炼与提升。在行仁义的过程中,我们学会了宽容、理解、包容等,从而让自己的心变得豁达开朗。这种心态的转变,使我们能够更加从容地面对生活的种种挑战,享受内心的平静与快乐。

内容小结

《论语》告诉我们的生活之道:衣之有容、食之有节、居之有雅、行之有礼、游之有方、乐之有度。

思考讨论

唐代诗人李绅的《悯农》可以说家喻户晓。"锄禾日当午,汗滴禾下土。谁知盘中餐,粒粒皆辛苦。"作为新时代的大学生,请你谈谈如何从自身做起,认真践行"光盘"行动。

延伸阅读

1. 衣冠王国——中国

中国素有"衣冠王国"的美誉。几千年来,中国各族人民在长期的生产活动和社会实践中,制造出了许多精美绝伦的服饰,服饰中蕴含着丰富的思想文化。

中国古人讲究同自然的和谐,即"天人合一"。因此,在中国古代社会,凡是一个新的王朝建立,都要确定本朝崇尚的颜色,以证明自己统治天下是顺承天意、合乎天德的。

商代将取于自然的青、赤、黄、白、黑五种颜色视作尊贵色彩,例如,青色就是蓝草(草名)染在素色布上的颜色,而黄色是土地之色,源于古人对土地的崇拜。

秦尚黑色,到了汉代,黑、黄、红三色都曾受到尊崇。而唐宋以来,黄色成了最尊贵的色彩,"黄袍"成为天子专属的服装。金、黄、红、紫等艳丽之色多属于达官贵人，蓝、绿、灰、白则属于平民。不过，明朝因皇帝姓朱，遂以"朱"为正色，又因《论语》有"恶紫之夺朱也"的语句，于是紫色在官服中废除不用。可见，色彩的应用已逐渐脱离自然属性及其本来意义而被赋予了浓厚的政治伦理色彩。

除了色彩，服装款式也蕴含着古人的思想追求。以深衣为例，它袖口宽大，象征天道圆融；领口左右相交，代表做人要不偏不倚；深衣背后有一条直缝贯通上下，象征顶天立地，为人正直；腰系大带，象征行动进退符合权衡规矩。总之，深衣蕴含着天人合一、恢宏大度、公平正直、包容万物的中华传统美德。

古人借服饰表现人物身份，寄托人物情感。《诗经》中就有这样的诗句。"硕人其颀，衣锦褧(jiǒng)衣"，这里的锦绣华服不仅描绘了一个女子的衣着，也显示了她贵妇人的身份。"青青子衿，悠悠我心"中的"青衿"是古代读书人常穿的衣服，在这里既表明了恋人读书人的身份，也借写对衣服的念念不忘传递出女子相思萦怀之情。

2. 中华美食——八大菜系

菜系是在选料、切配、烹饪等技艺方面，经长期演变而自成体系，具有鲜明的地方风味特色，并为社会所公认的中国饮食的菜肴流派。中国饮食文化的菜系，是指在一定区域内，由于气候、地形、历史、物产及饮食风俗的不同，经过漫长历史演变而形成一整套自成体系的烹饪技艺和风味，并被全国各地所承认的地方菜肴。

早在商周时期中国的饮食文化已具雏形，再到春秋战国的齐桓公时期，饮食文化中南北菜肴风味的差异就表现了出来。到唐宋时期，南食、北食各自形成体系。到了南宋时期，南甜北咸的格局形成。在清朝初年，鲁菜、川菜、淮扬菜、粤菜成为当时最有影响的地方菜，被称作四大菜系。到了清朝末年，浙江菜、闽菜、湘菜、徽菜四大新地方菜系分化形成，共同构成了"八大菜系"。

各大菜系的口味特点如下。

(1)鲁菜。口味以咸鲜为主。讲究原料质地优良,以盐提鲜,以汤壮鲜,调味讲求咸鲜纯正,突出本味,火候精湛,精于制汤,善烹海味。

(2)川菜。口味以麻辣为主。菜式多样,口味清鲜醇浓并重,善用麻辣调味,有鱼香、麻辣、辣子、陈皮、椒麻、怪味、酸辣诸味。

(3)粤菜。口味以鲜香为主。选料精细,清而不淡,鲜而不俗,嫩而不生,油而不腻。擅长小炒,要求掌握火候和油温恰到好处,还兼容许多西菜做法,讲究菜的气势、档次。

(4)江苏菜。口味以清淡为主。用料严谨,注重配色,讲究造型,四季有别。烹调技艺以炖、焖、煨著称,重视调汤,保持原汁,口味平和,善用蔬菜。其中淮扬菜,讲究选料和刀工,擅长制汤;苏南菜口味偏甜,注重制酱油,善用香糟、黄酒调味。

(5)闽菜。口味以鲜香为主。尤以"香""味"见长,具有清鲜、和醇、荤香、不腻的风格,形成了三大特色,一长于红糟调味,二长于制汤,三长于使用糖醋。

(6)浙江菜。口味以清淡为主。菜式小巧玲珑,清俊逸秀,菜品鲜美滑嫩,脆软清爽,运用香糟、黄酒调味。烹调技法丰富,尤其烹制海鲜和河鲜有独到之处。口味注重清鲜脆嫩,保持原料的本色和真味。菜品形态讲究精巧细腻、清秀雅丽。其中北部地区口味偏甜,西部地区口味偏辣,东南部地区口味偏咸。

(7)湘菜。口味以香辣为主,品种繁多。色泽上油重色浓,讲求实惠;品味上注重香辣、香鲜、软嫩。重视原料互相搭配,滋味互相渗透。湘菜调味尤重香辣。相对而言,湘菜的煨功夫更胜一筹,几乎达到炉火纯青的地步。煨在色泽变化上可分为红煨、白煨,在调味方面有清汤煨、浓汤煨和奶汤煨。讲究小火慢炖,保持原汁原味。

(8)徽菜。口味以鲜辣为主。徽菜擅长烧、炖、蒸,而爆、炒较少,重油、重色、重火功。重火功是历来的,其独到之处集中体现于擅长烧、炖、熏、蒸类的功夫菜上,不同菜肴使用不同的控火技术,形成了酥、嫩、香、鲜的独特风味,其中最能体现徽式特色的是滑烧、清炖和生熏法。

3.孟母三迁的故事

孟母三迁的故事出自西汉刘向的《列女传》,其原文:邹孟轲母,号孟母。其舍近墓。孟子之少时,嬉游为墓间之事。孟母曰:"此非吾所以居处子。"乃去,舍市旁。其嬉游为贾人炫卖之事。孟母又曰:"此非吾所以居处子也。"复徙居学宫之旁。其嬉游乃设俎豆,揖让进退。孟母曰:"真可以居吾子矣。"遂居。及孟子长,学六艺,卒成大儒之名。君子谓孟母善以渐化。

译文:孟子的母亲,世人称她孟母。孟子小时候,居住的地方离墓地很近,孟子学了些祭拜之类的事。他的母亲说:"这个地方不适合孩子居住。"于是将家搬到集市旁,孟子学了些做买卖和屠杀的东西。母亲又想:"这个地方还是不适合孩子居住。"又将家搬到学宫旁边。孟子学会了在朝廷上鞠躬行礼及进退的礼节。孟母说:"这才是孩子居住的地方。"于是,他们就在这里定居了下来。等孟子长大成人后,学成六艺,获得大儒的名望。君子以为这都是孟母善于教化的结果。

4.唐代刘禹锡的《陋室铭》

原文:山不在高,有仙则名。水不在深,有龙则灵。斯是陋室,惟吾德馨。苔痕上阶绿,草色入帘青。谈笑有鸿儒,往来无白丁。可以调素琴,阅金经。无丝竹之乱耳,无案牍之劳形。南阳诸葛庐,西蜀子云亭。孔子云:何陋之有?

译文:山不在于高,只要有仙人居住就会出名;水不在于深,只要有蛟龙潜藏就显示神灵。这是一间简陋的居室,因我的美德使它芳名远扬。苔藓爬上台阶染出一片碧绿,草色映入竹帘映得满屋青色。这里往来谈笑的都是博学多识的人,没有不学无术之徒。平时可以弹奏清雅的古琴,阅读泥金书写的佛经。没有繁杂的音乐搅扰听觉，没有文牍公务劳累身心。似南阳诸葛亮的草庐，如西蜀扬子云的玄亭。孔子说："这有什么简陋呢？"

《论语》里的快乐之道

人人都需要快乐，但快乐有初级、中级、高级三个层次。初级快乐是肉体的快乐，是饱、暖、物、欲等，它来自小我，让肉身能够生存。中级快乐是精神的快乐，是诗词歌赋、琴棋书画、游走天下的快乐，它来自身外，当人的生存有保障后便开始追求这种快乐。高级快乐是灵魂的快乐，它来自奉献，为让别人变得更好而快乐。快乐有损益之分，有益的快乐有利于人的身心健康和德性修为，有损的快乐则伤害人的身心健康和德性修为。快乐虽是个人之事，但可能影响他人，这与快乐的种类有关。孟子把快乐分为三种，独乐乐、与人乐、众乐乐。庄子认为快乐有两种：一种是人乐，就是人与人之间的乐；一种是天乐，就是与天地相和谐的乐，又称至乐。

《论语》中"乐"字出现了48次，但没有一个"苦"字。《论语》开篇就讲快乐，开门见山，直指快乐。《论语》里讲快乐，更充满了快乐。著名学者李泽厚先生认为，中华传统文化的精神核心是"乐感文化"，与西方的"罪感文化"是完全不同的。那么，《论语》告诉了我们哪些快乐的道理呢？

学而时习之，享受学习之乐。

得天下英才而教育之，享受教育之乐。

立于礼，成于乐，享受礼乐之乐。

善与人交，享受社交之乐。

赠人玫瑰，手有余香，享受助人之乐

可燕居，可外游，享受闲暇之乐。

素贫贱，行乎贫贱，享受安贫之乐。

一、学习之乐

子曰:"学而时习之,不亦说乎?"(《论语·学而》)

【释义】

孔子说:"持之以恒学习,并且不断实践,有什么能比这更快乐的呢?"

子曰:"三人行,必有我师焉。择其善者而从之,其不善者而改之。"(《论语·述而》)

【释义】

孔子说:"三人同行,必然有我可以学习的人。选择他的长处学习,将他的不足引以为戒,加以改正。"

【感悟】

(1)**人不学不知道**。"学"在孔子思想中具有根本性的地位。"学"的范围很广泛,包括学知识、学做人、学技术、学管理、学生活等等。学习,在己不在人;学习,为己不为人。学海无涯苦作舟,学习虽然辛苦,但却苦中有乐,学好了会自得其乐。人们常常强调刻苦学习而放大了苦,往往忽略学有所乐而缩小了乐,也是一种片面性。快乐也需要学习,如何让自己变得快乐,同时又能带给别人快乐,有四句箴言:把自己当成别人,把别人当成自己,把别人当成别人,把自己当成自己。这四句箴言值得我们认真学习体悟。

(2)**学习是进步的阶梯**。人人经过读书阶段,人人都应养成学习习惯。诸葛亮在《诫子书》中指出:"夫学须静也,才须学也,非学无以广才,非志无以成学。"想上进,想成功,必须下功夫充实自己。只有学习,才是充实自己的正确途径。学习能够增长知识和才干,能够提升能力和素质。在读书学习中,人们常常会感受到学有所得的喜悦和学有所悟的快乐,带来的是兴趣盎然和精神愉悦。

（3）**善于向别人学习**。学习的方式方法很多,包括向书本学习、向网络学习、向实践学习、向别人学习等等。虚心向别人学习的精神十分可贵。以善者为师,学其所长,补己之短;以不善者为资,引以为戒,反省自身。

✎ 二、教育之乐

子曰:"有教无类。"(《论语·卫灵公》)
【释义】
孔子说:"不管什么人都可以受到教育。"

颜渊、季路侍。子曰:"盍各言尔志?"子路曰:"愿车马,衣轻裘与朋友共,敝之而无憾。"颜渊曰:"愿无伐善,无施劳。"子路曰:"愿闻子之志。"子曰:"老者安之,朋友信之,少者怀之。"(《论语·公冶长》)
【释义】
颜渊、季路恭侍孔子身旁。孔子说:"何不谈谈你们的志向呢?"子路说:"我愿意把车马衣服,与朋友共同使用,即使用坏了,也没有什么可惜的。"颜渊说:"我愿意不夸耀自己的长处,不宣扬自己的功劳。"子路说:"我们希望知道老师的志向。"孔子说:"我希望老人都得到很好的赡养,朋友能够互相信守誓约,年幼的孩子得到关怀。"

子之武城,闻弦歌之声。夫子莞尔而笑,曰:"割鸡焉用牛刀?"子游对曰:"昔者偃也闻诸夫子曰:'君子学道则爱人,小人学道则易使也。'"子曰:"二三子,偃之言是也! 前言戏之耳。"(《论语·阳货》)

【释义】

孔子到武城,听到弹琴唱歌声。孔子微笑着说:"杀鸡哪里用得着宰牛的刀呢?"子游回答说:"以前我曾听老师说过:'君子学习道就会爱护人,老百姓学习了道就容易使唤。'"孔子说:"弟子们! 言偃的话是正确的,我刚才只是同他开个玩笑罢了。"

子曰:"由之瑟,奚为于丘之门?"门人不敬子路,子曰:"由也升堂矣,未入于室也。"(《论语·先进》)

【释义】

孔子说:"仲由的琴瑟弹奏,怎么能够称得上出自我孔丘之门呢?"于是,孔子的学生们就表现出不敬重子路。孔子说:"仲由的学问已经入门了,只是还没有达到精通。"

子曰:"吾与回言终日,不违,如愚。退而省其私,亦足以发,回也不愚。"(《论语·为政》)

【释义】

孔子说:"我整天与颜回谈论经典要义,颜回从不提出反对意见,一副迟钝愚笨的样子。等他回去,我观察他私下同别人讨论时,又能对我所说的话有所发挥,其实,颜回并不愚钝。"

【感悟】

(1)**教育充满着快乐**。古代士人肩负做之君、做之亲、做之师的重任,这里的"君、亲、师"都有培养下属和青年一代的责任。孔子提出并践行有教无类思想,开创了平民教育的先例。有教无类思想的推行,为平民接受教育、提升素质和开发智力,为中华民族的教育普及、文化昌盛和文明发展奠定了基础,真可谓功盖千秋、恩泽万年。同时,有教无类思想的实施,使师者能得天下英才而教育之,成就了人生之大乐。

（2）**奋斗充满着快乐**。人人都应当有理想,都要为理想而奋斗。理想,古代称为志。自古以来,儒家文化都强调志的重要性,"三军可夺帅也,匹夫不可夺志也"。人生贵在立志,立志贵在坚持。成就志向的道路是漫长的、艰辛的,需要经历奋斗的磨砺,只有坚持到底,才能获得成功。辛勤的汗水浸透了奋斗之路,我们期待成功的快乐一路相随。

（3）**教学相长乐融融**。弟子不必不如师,师不必贤于弟子。教学是教学相长的过程,师生平等交流,互相切磋、互相启发,能够获得真正的学问。教师要鼓励学生开动脑筋,独立分析思考,形成独到的见解。教师也非圣贤,有时也会出错,有时难免失言,关键要正确对待,知错则改,立行立改。从善如流,善莫大焉。当然,教师改过迁善的方式方法灵活多样,其中蕴含着丰富的教育艺术,比如以"开玩笑""自嘲"等方式,既是一种幽默感的展现,也是一种教育智慧的体现。师生之间的交流与互鉴,其情怡怡,其乐融融。

三、礼乐之乐

子曰:"礼云礼云,玉帛云乎哉? 乐云乐云,钟鼓云乎哉?"(《论语·阳货》)

【释义】

孔子说:"礼呀礼呀,只是说的玉帛之类的礼器吗? 乐呀乐呀,只是说的钟鼓之类的乐器吗?"

子曰:"人而不仁,如礼何? 人而不仁,如乐何?"(《论语·八佾》)

【释义】

孔子说:"人如果存心不仁,怎么来对待礼呢? 人如果存心不仁,怎么来对待乐呢?"

子语鲁大师乐，曰："乐其可知也。始作，翕（xī）如也；从（zòng，通纵）之，纯如也，皦如也，绎如也，以成。"（《论语·八佾》）

【释义】

孔子告诉鲁国太师演奏音乐的奥秘，说："音乐的原理是可以明了的，开始演奏，翕翕然很热闹；继续下去，纯纯然很和谐；皦皦然清晰明快；绎绎然绵延不绝，如此以至曲终。"

子在齐闻《韶》，三月不知肉味。曰："不图为乐之至于斯也。"（《论语·述而》）

【释义】

孔子在齐国听到《韶》乐，沉浸其中，以至于三个月的时间都不曾感知肉的滋味。他感叹："不承想音乐竟然达到了如此神秘的境界啊！"

子谓《韶》："尽美矣，又尽善也。"谓《武》："尽美矣，未尽善也。"（《论语·八佾》）

【释义】

孔子评论《韶》，说："乐曲美极了，内容也好极了。"评论《武》，说："乐曲美极了，内容还不是完全好。"

子曰："兴于《诗》。立于礼。成于乐。"（《论语·泰伯》）

【释义】

孔子说："德行与修养从《诗》开始，依靠礼仪立足于世间，音乐使人的所学得以完成。"

【感悟】

（1）仁是礼乐之根本。礼是用来调节外界关系的，调节的是不同的人、不同的事情、不同的状态。乐是调节自身的,调节的是自身的心情和心态。礼乐首先要看内在,内心仁爱、心存敬意是礼乐之根本。查看内心有两个角度:其一,先要求自己,修正自己,是否心存敬畏,态度行为是否合乎礼,是否做到表里如一。其二,再观察他人,用要求自己的方法去观察他人,这样就能够看清事情的本质。仁,既包括同情人、尊重人,又包括博爱、谦让、宽容等许多特点。仁是礼乐之本,没有仁德的人,根本谈不上什么礼乐的问题。

(2)**音乐是一种听觉艺术。**音乐是人类共有的语言,它源于生活,表达并影响人类的感情。科学研究表明,欣赏适合的音乐,可以优化人的性格,平稳人的情绪,提高人的修养品位。茶余饭后,听一曲柔美舒缓的音乐,可以放松身心、快乐身心。

(3)**音乐有美有善。**音乐虽然是一种个体情绪、情感的自然流露,是一种自在的韵律,但音乐也有"美"和"善"的标准。无论是欣赏音乐,还是创作音乐,既要重视音乐艺术的形式"美",更要注意音乐艺术的内容"善"。只有达到"尽善尽美",才是好的作品。好的作品让人在真情实感中享受音乐的美和善,陶冶情操、净化心灵。深入心灵的音乐,才是最自然的、最纯美的。

(4)**礼乐促进人格完善。**礼、乐是古代教育"六艺"中的内容,相当重要。礼仪,可以约束人的行为,规范人的言行,帮助人更好地立足社会。音乐,可以陶冶人的情操,调节人的心绪,促进人健全人格的形成和完善。从小处看,礼教、乐教只是两门课程,其实它们涉及德育、美育等教育内容。虚心好学是一种优良的品德,只要好学上进、认真钻研,就能学有所成、学有所乐。一个全面发展的人,要有良好的德行修养、心智素质、审美能力,在欣赏美、创造美中体验生命的价值,形成健全的人格。

子曰:"有朋自远方来,不亦乐乎?"(《论语·学而》)

【释义】

孔子说:"志同道合的朋友从远方来访,不也很快乐吗?"

子曰:"晏平仲善与人交,久而敬之。"(《论语·公冶长》)

【释义】

孔子说:"晏平仲善于与人交往,与其交往,时间越长久,越令人钦敬。"

师冕见,及阶,子曰:"阶也。"及席,子曰:"席也。"皆坐,子告之曰:"某在斯,某在斯。"师冕出。子张问曰:"与师言之道与?"子曰:"然,固相师之道也。"(《论语·卫灵公》)

【释义】

盲人师冕约见孔子,他走到台阶前,孔子说:"这是台阶啊。"走近座席,孔子说:"这是席位。"一同坐下,孔子告诉师冕说:"某人在这儿,某人在这儿。"师冕告别后,子张问:"这就是同盲人交谈的方法吗?"孔子说:"是的。这本来就是帮助盲人乐师的方法。"

原壤夷俟。子曰:"幼而不孙弟,长而无述焉,老而不死,是为贼!"以杖叩其胫。(《论语·宪问》)

【释义】

原壤很随意地蹲踞着等待孔子。孔子说:"你年幼的时候不友爱兄弟姐妹,长大以后又没有做出什么值得人们称道的事迹,现在老来又不得好死,实在是一个害人精啊!"说完,便用手杖敲了敲他的小腿。

阳货欲见孔子,孔子不见,归(kuì,通馈)孔子豚。孔子时其亡也,而往拜之,遇诸途。谓孔子曰:"来!予与尔言。"曰:"怀其宝而迷其邦,可谓仁乎?"曰:"不可。""好从事而亟失时,可谓知乎?"曰:"不可。""日月逝矣,岁不我与。"孔子曰:"诺,吾将仕矣。"(《论语·阳货》)

【释义】

阳货想见孔子,孔子不愿见。于是,阳货送给孔子一头煮熟的乳猪。孔子探听到阳货不在家的时候去答谢他。二人在途中不期而遇。阳货对孔子说:"过来!我有话告诉你。"孔子走过去,阳货说:"怀藏着高尚的道德和才能但却不拯救国家的迷乱,能说这是仁德的吗?"孔子说:"不能。""热衷于处理事务却屡次失去时机,能说这是智慧的吗?"孔子说:"不能。""时光在流逝,岁月不等人呀!"孔子说:"是啊,我将出来做官。"

【感悟】

(1)**人有社会交往的需要**。人具有社会性,不可离群索居,需要相互交往。心理学家阿德勒曾说:"一切烦恼,都是人际关系的烦恼。"不同的待人之道,决定了一段关系的不同走向。良好的人际关系,有利于个体和群体的身心建设。人与人之间应当建立互相学习、互动交流和互助合作的关系。人人都要明白交往的道理,学会交往的方法技巧,做到善于交流、善于合作。一个人如何变得快乐,方式多样,但能够合群乐群,和谐交流,往往能乐在其中。

(2)**怀仁爱宽容之心**。爱护他人、尊重他人是一种高尚的德行。对待残疾人更要富有爱心,在尊重中帮助,在关爱中帮助,和他们共享人际交往的真情与快乐。人非圣贤,朋友也如此,有小过错是很正常的,彼此相互包容、相互提醒、相互悦纳,是一种良好的为人之道。

(3)**人际交往有技巧**。人与人的交往既要讲礼仪规范,也要把握分寸、讲究技巧;既要把握一定的原则性,也要体现一些灵活性。比如遇到不太喜欢的人,不能拒人于千里之外,也不能违背礼仪规范的要求,要体现出随机应变的能力和技巧。中国古代小学教育的内容——洒扫、应对、进退中既有生活方面的教育,也有交往方面的教育,体现了对人全面发展的重视。

五、助人之乐

子曰:"当仁不让于师。"(《论语·卫灵公》)

【释义】

孔子说:"若遇行仁之事,即使面对师长,也要据理力争。"

子曰:"君子成人之美,不成人之恶。小人反是。"(《论语·颜渊》)

【释义】

孔子说:"君子助成别人的美处,而不是促成他人的坏事。小人则与此恰恰相反。"

子曰:"非其鬼而祭之,谄也。见义不为,无勇也。"(《论语·为政》)

【释义】

孔子说:"不是自己的祖先而去祭祀,这是谄媚。遇见正义的事情而不做,这是没有勇气。"

子曰:"赤之适齐也,乘肥马,衣轻裘。吾闻之也,君子周急不继富。"(《论语·雍也》)

【释义】

孔子说:"公西赤到各国去,骑肥马,穿着又轻又暖和的皮袍。我听人说君子应该救济有紧急需要的穷人,而不应该救济富人。"

原思为之宰,与之粟九百,辞。子曰:"毋以与尔邻里乡党乎!"(《论语·雍也》)

【释义】

原思做了孔子家的总管,孔子给他的报酬是九百斗小米,原思推辞不要。孔子说:"不要这样推辞,多余的就给你的邻里乡亲吧。"

【感悟】

(1)**行仁不必辞让**。儒家思想的核心是仁,把仁视为道德行为的最高准则。仁的本义是人与人、人与自然的一种亲善关系,讲究一种和谐的相处方式。仁的具体表现为正义的事、应该做的事,如爱亲人、爱他人、爱国家、爱万物等等。仁的行为要求是遇到应该做的事就积极主动去做,不必礼让,更不能推脱,真正做到"仁以为己任"。

(2)**善行是快乐的行动**。善行不分先后,爱心不论大小。每一个良好的行动都是善行,对人常保持微笑,是善行;引导一个浪子走上正轨,是善行;原谅别人的无心之过,是善行;发一条给人力量的微信,是善行;等等。人们的善行并不需要等待,随时随地都可以去做。只要人人都献出一份爱心,社会就会更加温暖和谐。

(3)**雪中送炭更重要**。《论语》中记载了两则孔子施粟的故事,一个"惜粟如金",一个"挥粟如土",后世非常关注。孔子从"仁爱"出发,提出了"君子周急不继富"的重要观点。接济穷人,方称雪中送炭;接济富人,只是锦上添花。雪中送炭,才是君子应当具备的美德,这种思想和行为也符合现在流行的人道主义精神。

(4)**助人为乐是美德**。助人为乐,既是一种传统美德,也是一种个人修养,更是一种人格升华。俗话说:"赠人玫瑰,手有余香。"在日常工作生活中,人们应对那些急需帮助的人伸出援助之手,让危难者渡过难关,让贫穷者过上幸福生活。帮助别人,快乐自己!助人为乐是以自身快乐为出发点的一种主动行为,是双赢的,是快乐的高级境界。

（5）**成人之美有原则。**人们常常有成人之美的愿望，但成人之美并非无原则、无底线地成全，而要分清需要成全的人所希望的事情的好与坏、善与恶，应当成全的是好的事情、善的事情，是符合主流意识与价值观的事情。对于那些坏的事情、恶的事情，我们不但不能成全，而且要坚决反对，并有效制止。

六、闲暇之乐

子之燕居，申申如也，夭夭如也。（《论语·述而》）

【释义】

孔子在家闲居时，穿戴很整齐，仪态舒展自如，神色和乐。

子曰："不仁者不可以久处约，不可以长处乐。仁者安仁，知者利仁。"（《论语·里仁》）

【释义】

孔子说："没有仁德的人，是不能长期地安处贫困的，也不能长久地享受安逸快乐。有仁德的人，安守仁道。聪明的人，则利用仁道。"

【感悟】

（1）**会休息也很重要。**随着社会变革和生活节奏不断加快，人们的情感、思维方式、生活方式、个人成就、人际关系等都在发生了深刻的变化，这些变化导致人们面临的各种压力日益增大，若处理不当，极易引发心理问题。人生有一个"执行"的按钮，同时有一个"暂停"的按钮。智慧的人，总会在适合的时候按下"暂停"按钮，进入"休息"模式，让身心放空，得到休整，这是珍爱生命、保持快乐的正确途径。学会休息，也是一种自律；劳逸结合，才能走得更远。常言道：走走停停是人生，劳逸结合是生活。要知道,身心健康才是一切快乐、美好和幸福的源泉所在。

（2）**快乐是一种心境**。卡耐基说:"假如在一天里,我们脑海中都是快乐的念头,我们就能快乐;假如我们想的是悲伤的事情,我们就会觉得悲伤。"其实,快乐是人的一种心境,悲伤是人的一种心绪,快乐和悲伤,在于自己的心灵。水是流动的,能给人欢快的感觉;山是静止的,总让人心态趋于平和。职场工作和居家生活是不同的场景,人们带回家的应该是快乐,不应该是悲伤。不同的场景,甚至不同的舞台上演的剧情往往是不同的。

（3）**仁义是最快乐的**。子曰:"仁者无忧。"仁义出自内心,就会得到快乐。人不应该随波逐流,要把眼光从外界收回来,凝视自己的内心。快乐是个人的心境,虽然个性色彩不同,但也有共性方法。庄子曰:"古之得道者,穷亦乐,通亦乐,所乐非穷通也。"意思是说,只要心中有道,身处道中,无论是穷困潦倒,还是前途通达,都是快乐的。每个人生活中应当确定一个目标,努力做最好的自己。其实,仁德是有力量的,其影响无所不在。有德之人都生活在人间,他们爱己爱人,秉持善行仁义,所希望的结果是人人都好、人人皆乐。的确,如果人人都能多修仁道,减少攀比,致力于做最好的自己,那么人人都会拥有快乐的生活。

七、安贫之乐

子曰:"贤哉,回也! 一箪食,一瓢饮,在陋巷。人不堪其忧,回也不改其乐。贤哉,回也!"(《论语·雍也》)

【释义】

孔子说:"颜回贤明啊! 用一个竹筐盛饭,用一只瓢喝水,住在偏僻狭窄的街巷里。别人不能忍受那种生活的忧苦,颜回却自得其乐。真正的贤明之士啊,颜回!"

子曰:"贫而无怨难,富而无骄易。"(《论语·宪问》)

【释义】

孔子说:"贫穷而不怨恨,是难得的;富裕而不骄横,则是容易的。"

子贡曰:"贫而无谄,富而无骄,何也?"子曰:"可也。未若贫而乐,富而好礼者也。"(《论语·学而》)

【释义】

子贡说:"贫穷却不谄媚,富有却不骄纵,怎么样?"孔子说:"这是可以的。但是,不如安于贫穷而以恪守道德为乐、身处富裕而谦敬有礼的人好啊!"

【感悟】

(1)**清贫乐道亦快乐**。快乐是一种积极的情绪,生活中不可能天天顺风顺水,经常会遇到一些问题和压力。需要注意的是,得意时不能忘形,失意时也不能忘形。保持一种积极的生活态度,面对问题和压力的时候调整好身心状态,形成乐观的力量,有利于问题的解决和压力的释放。可以说,保持乐观精神的人,苦中可取乐,穷中亦能快活。这既是一种生活能力,也是一种生活智慧。《宽心谣》中有言:"日出东海落西山,愁也一天,喜也一天。少荤多素日三餐,粗也香甜,细也香甜。"既然如此,就应该保持乐观的心态,多一些欢乐,少一些忧愁,过好自己的生活。

(2)**快乐就在内心里**。每个人都希望自己一生过得快快乐乐,但是怎样才能找到快乐呢? 快乐是内心的感觉,只有从自己的内心出发去寻找,快乐与否也只有自己说了算,谁都帮不了谁。过分追求物质和环境的人,克制一下自己贪婪、攀比的欲望,经常想一想"知足常乐"这句话,也许心里就能得到暂时的快乐。想要一生开开心心,不妨学一学颜回,人生真正的快乐不在于追求物质上的满足,而在于追求精神上的愉悦。不妨学一学金圣叹,其快乐的秘诀就是调整心态,凡事都不亦乐乎。

（3）**不怨天,不尤人。**一般的人因为贫困而愤世嫉俗,智慧的人则随遇而安,穷当益坚,享受人生。人应该保持平和、中正的心态,在自己的位置上认真做事,诚实做人,不怨天,不尤人,做到乐天知命、恬然自处、安于所处、安之若素。

内容小结

《论语》告诉我们的快乐之道:学习之乐、教育之乐、礼乐之乐、社交之乐、助人之乐、闲暇之乐、安贫之乐。

思考讨论

孟子曰:"君子有三乐,而王天下不与存焉。父母俱存,兄弟无故,一乐也。仰不愧于天,俯不怍于人,二乐也。得天下英才而教育之,三乐也。"(《孟子·尽心上》)。请谈谈你是怎样理解的?

延伸阅读

1. 如何变得快乐——智者的箴言

一位十六岁的少年去拜访一位年长的智者,他问:"我如何才能变成一个自己快乐且能给别人带去快乐的人呢?"

智者说:"我送给你四句话。第一句话,把自己当成别人。"

少年回答说:"这句话是不是说,在我感到痛苦忧伤的时候,就把自己当成别人,这样痛苦就自然减轻了;当我欣喜若狂之时,把自己当成别人,那些狂喜也会变得平和一些?"

智者微微点头,接着说:"第二句话,把别人当成自己。"少年沉思了一会儿,说:"这样就可以真正同情别人的不幸,理解别人的需求,并且在别人需要的时候给予恰当的帮助?"

智者两眼发光,继续说道:"第三句话,把别人当成别人。"少年说:"这句话的意思是不是说,要充分地尊重每个人的独立性,在任何情形下都不可侵犯他人?"

智者哈哈大笑着说:"第四句话是,把自己当成自己。"少年说:"这句话的含义,我一时体会不出。但这四句话之间有许多自相矛盾之处,我用什么才能把它们统一起来呢?"

智者说:"很简单,用一生的时间和精力。"少年沉默了很久,然后叩首告别。

后来少年变成了中年人,又变成了老人。人们都说他是一位智者,因为他是一个快乐的人,而且也给每一个见过他的人带来了快乐。

2. 古之小学:洒扫、应对、进退

朱熹在《〈大学章句〉序》里说:"人生八岁,则自王公以下,至于庶人之子弟,皆入小学,而教之以洒扫、应对、进退之节,礼乐、射御、书数之文。"这句话的意思是说:从王公到普通百姓的孩子,到八岁的时候,都要上小学学习,主要的课程是学习洒水、扫地、应答、接待,以及与人交流、办理简单事情的礼仪,并学习六艺(礼仪、音乐、射箭、驾车、写字、数学)知识。古代的小学教育,从生活能力到待人接物,从能力到性情,注重的是知识、能力、做人的全方面发展。

在古代,"洒扫、应对、进退"是人生的必修内容。就拿洒水扫地来说,看似简单的工作也要有规矩,不能乱洒一通,应以水挥地及墙阶,令不扬尘,然后扫之。学习这些规矩,就是做人的基本要素,就是学会怎样控制自己。现在别说孩子,就连很多成人都很少能够做好"洒扫、应对、进退",甚至意识不到这个问题的重要性。

一些传统的教育方式虽然不适合现代教育,但是传承千年的教育理念却一点都不过时。传统教育认为,儿童启蒙教育的目标,应是通过伦理道德的培养,注重人格教育,使之先学会做人。如果父母对孩子只是育智,而不是育人,无异于舍本逐末。人作为人,应该首先学会一些基本的生活技能,能够照顾好、完善好自己和家人的生活,要明白自己在社会家庭中是什么角色,应该以怎样的礼节对待周围的人,在不同的场合,应该说什么样的话,有什么分寸的行为,这些都是人生的第一堂课。在这个基础上,再学习礼仪、音乐、射箭、驾车、写字、数学等,进一步培养自己的修养和素质,这才算教育。

小学有"洒扫应对"及"礼乐射御书数"六艺。如何理解这十个字所描绘的人生修炼法门呢？为什么是"洒扫应对"？为什么是"礼乐射御书数"六艺？

洒扫——最基本的个人生活卫生习惯之一,同时也是日常劳作中的基础环节。吃喝拉撒皆包括在内。这是作为自然人生存所需的基本技能,当然也就排在首位了,"一屋不扫,何以扫天下？"说的就是这个道理。洒扫是一切事业的开端。

应对——待人接物的礼仪,体现在人伦交际中的恰当言语、礼貌举止与和善态度。人总是要活在社会上的,总要与人打交道,故而,在基本生存技能之后就应该学着怎么和人进行沟通了。

"洒扫应对"这两样做到了,一个人就具备了完成自己生命进程的基本能力。然而一个人来到世间,仅仅"洒扫应对"是不够用的,还需要具备"礼乐射御书数"六艺。

礼——各种文化的统称,即风俗习惯。一个聚落,一个民族,一个国家,总有其独特的风俗习性、行事原则等,这些统括起来就是"礼"。做到了前面的"应对",只是具备了基本的交往技能,只是"你好""早安、晚安"之类的基本沟通。如果要谋求事业成长,就要与他人合作,必须有深入的沟通和交流,甚至是在利益纠葛和冲突下的交流。因此,必须熟知相应的待人接物的规则,也就是"礼"。

乐——艺术。艺术只是少数人的游戏？我看不尽然,山野乡村里的老奶奶没上过私塾,照样将故事讲得有声有色、活灵活现。渔人樵夫未必都读过书,依然可以将调子唱得韵味悠长。他们虽没进过艺术专修学校,但不能说他们就没有艺术修为。哪一门艺术不是提炼自生活呢？说到底,艺术就是人们对生活的体悟,是人们对生活、对人生的积极探求。所谓艺术提升品位,其实就是加深对生活的理解啊！所以,人人都需要具备艺术的修养。更何况人生苦短，为了遵循那些"礼"并不一定是顺遂每个人的天性的，为了遵从所谓的"礼"，压抑了天性怎么办？那就在工作之余给自己找些乐子，发展一下自己的爱好，释放天性，它会让你活得"滋儿"一些，使灵魂更加舒展，对待日常事务更加"超然"。

射——武功，用现在的话说叫体育锻炼。没有好的身体，怎能优哉游哉？"射"说明了生命在于运动，为的是能"更高，更快，更强"。要成就一番大事业，少不了遭遇大磨难，没有好的身体，怎能吃得消？无论是遵"礼"，还是享"乐"，都需要耗费精力，都需要一个好的身体为前提。

御——骑马、驾车的技能。放到当下，就是要考驾照。为什么要学这个呢？应该是"实践出真知"的道理吧。"读万卷书，行万里路"，翻译成英文："Travelling thousands of miles is better than reading thousands of books."没钱买汽车？那就买辆自行车吧，再不济，那就学人家徐霞客，来个徒步！

书——文字学，包括对公文写作的学习。讲到这，才刚刚落到书面上，这估计是要考虑到人类文明传承了。前面六步做到了，也基本小有心得了，好的心得体会自然要分享，谋求进一步的个人提升也需要从别人的分享中汲取营养。文字，不受时空限制，可以世代相传，是经验传播的必备载体，是人们交往沟通的高级形式，也是文明传承、教化传播的重要手段。但是，所谓"书不尽言，言不尽意"，内心的意思经语言一表达，总有偏差，再落到纸面上任由个人去理解，那偏差将会更大。从这个角度来看，很有必要仔细地对待文字的学习，以便能够"准确"地表达自己和理解他人的先进经验。

数——数数、计算的学问，代表了自然科学。这一项被放到了最后，自有它的道理，放在末位，并不代表着不重视，相反这应该是最重视的：要修这门学问，先把其他的修好了再说，所谓"先做人，后做学问"。

完成了小学的学习，那么接下来就上大学了，可以去习练修身、齐家、治国、平天下的四步人生巅峰达成法了。

3. 快乐的秘诀——金圣叹的不亦快哉

明末清初苏州吴县人,著名的文学家、文学批评家金圣叹是一个对生活永远持乐观态度的人。他潇洒达观,十分懂得玩味和领会生活的乐趣。有一次他和一位朋友共住,屋外下了十天雨,对坐无聊,他便和朋友一件件地说日常生活中的乐事,列出了一系列"不亦快哉"的事。

七月,天气闷热难当,汗出遍身。正不知如何时,雷雨大作,身汗顿收,地燥如扫,苍蝇尽去,饭便得吃——不亦快哉!

独坐屋中,正为鼠害而恼,忽见一猫,疾趋如风,除去了老鼠——不亦快哉!

上街见两个酸秀才争吵,让人烦恼。这时来一壮夫,振威一喝,争吵立刻化解——不亦快哉!

饭后无事,翻检破箱,发现一堆别人写下的借条。想想这些人或存或亡,总之是不会再还了。于是找个地方,一把烧了,仰望高空,万里无云——不亦快哉!

夏天早起,看人在松棚下锯大竹作为筒用——不亦快哉!

冬夜饮酒,觉得天转冷,推窗一看,雪大如手,已积了三四寸厚——不亦快哉!

推纸窗放蜂出去——不亦快哉!

还债毕——不亦快哉!

读唐人传奇《虬髯客传》(一部侠客小说)——不亦快哉!

在他眼里,平凡的生活处处充满着快乐。

4. 带快乐回家的故事

一个女人回家时在电梯的镜子里看到一张充满疲惫、灰暗的脸,一双紧锁的眉头,下垂的嘴角,忧愁的眼睛,当即吓了她一大跳。

于是,这个女人开始想,当孩子、丈夫面对这种愁苦暗沉的面孔时,会有什么感觉?假如自己面对的也是这样的面孔时,又会有什么感觉?接着她想到孩子在餐桌上的沉默、丈夫的冷淡,这些在她原来认为是他们不对的事实背后,隐藏的真正原因竟是自己!

晚上女人便和丈夫长谈,第二天就写了一块木牌钉在门上提醒自己。结果,被提醒的不只是她自己,而是一家人,后来影响了整栋楼的人。

这块木牌上的字很少,只有两行:进门前,请脱去烦恼;回家时,带快乐回来。

5.不同的"窗口"上演着不同的剧情

美籍华人、著名心理学家李恕信在《潇洒的母亲》一书中讲了这样一个故事。

一个小女孩趴在窗台上,看窗外的人正在埋葬她心爱的小狗,不禁泪流满面,悲恸不已。她的祖父见状,连忙引她到另一个窗口,让她欣赏他的玫瑰花园。果然小女孩的愁云为之一扫,很快露出欣喜的笑脸。老人托起外孙女的下巴说:"孩子,你开错了窗户。"

《论语》里的生态之道

生态兴，则文明兴。生态文明是人类文明发展的一个新阶段，其核心是以人与自然、人与人、人与社会和谐共生、良性循环、全面发展、持续繁荣为基本宗旨的社会形态。生态文明强调人的自觉与自律，强调人与自然环境的相互依存、相互促进和共处共融，追求人与生态的和谐、人与人的和谐。可以这样说，生态文明是人类对传统文明特别是工业文明进行深刻反思的成果。《论语》的智慧博大精深，其中闪烁着浓郁的生态思想，如"畏天命""节用而爱人""知者乐水，仁者乐山"等，对当今中国乃至世界产生着广泛而深远的影响。学悟《论语》，我们能够明白很多生态方面的道理。

心中信仰天，敬畏养善行。

规律不可违，遵循受益多。

生命很珍贵，人人当珍爱。

欲望不可纵，节俭是正途。

亲近大自然，山水皆怡情。

生态要爱护，文明靠教化。

子曰:"天何言哉? 四时行焉,百物生焉,天何言哉?"(《论语·阳货》)

【释义】

孔子说:"天说了什么呢? 四季运行,万物生长。天说了什么吗?"

"迅雷风烈,必变。"(《论语·乡党》)

【释义】

如果忽起疾风、迅雷,则必定肃容以待。

子夏曰:"商闻之矣:死生有命,富贵在天。君子敬而无失,与人恭而有礼,四海之内皆兄弟也。"(《论语·颜渊》)

【释义】

子夏说:"我听说过:人之生死自有天命在,富贵在于上天的安排。君子认真谨慎地做事又没有失误,与人交往恭敬谦和,那么四海之内,都是兄弟啊。"

太宰问于子贡曰:"夫子圣者与? 何其多能也?"子贡曰:"固天纵之将圣,又多能也。"子闻之,曰:"太宰知我乎! 吾少也贱,故多能鄙事。君子多乎哉? 不多也。"(《论语·子罕》)

【释义】

太宰问子贡说:"夫子是圣人吗? 为什么会那么多技艺呢?"子贡说:"这本来是上天让他成为圣人的,同时又让他多才多艺。"孔子听到这件事,说:"太宰知道我呀! 我小时候贫穷,所以才学会了许多技艺。君子所掌握的技艺多吗? 不多啊。"

子曰:"五十而知天命。"(《论语·为政》)

【释义】

孔子说:"五十岁顺应天道因循之理。"

子曰:"君子有三畏:畏天命、畏大人、畏圣人之言。小人不知天命而不畏也,狎大人,辱圣人之言。"(《论语·季氏》)

【释义】

孔子说:"君子在三个方面心存敬畏:敬畏天命,敬畏身居高位的人,敬畏圣人的箴言。小人不知道天命不可违抗,因而不知敬畏,怠慢居高位的人,戏谑圣人的言语。"

【感悟】

(1)**"天"是中华文化信仰的一个核心。**《论语》讲人伦之道的内容多,谈自然之道的内容少,但是它却通过"天""命""畏天命""知天命"等概念来阐发天之道。《论语》中,"天"出现了 18 次,"命"出现了 24 次,"天命"出现了 3 次。《论语》虽然没有给"天"下定义,但对"天"有深入的理解和感知,把"天"看作天理或天道的来源,视为最高存在。中华文化喜欢说"天","天"的含义多种多样,需要我们细细体悟。

(2)**"天"有不同的分类。**冯友兰先生认为"天"有五层意思,即物质之天、主宰之天、命运之天、自然之天、义理之天。杨伯峻先生认为"天"有三层意思,即自然之天、命运之天、义理之天。相较而言,杨伯峻先生的三层意思更简洁,更容易理解,便于运用。

第一,要敬畏自然之天。人类来源于自然,与自然的命运是天然地连在一起的。人类与自然是生命共同体,必须尊重自然、顺应自然、保护自然。人类只有遵循自然规律,才能有效避免在开发利用自然的过程中走弯路,因为对自然的伤害最终会反噬人类自身。中国古代的思想家早就认识到这是无法抗拒的自然规律。孟子、庄子提出过"天人合一"的哲学观念。"天地与我并生,而万物与我为一"(庄子《齐物论》),庄子已经认识到人与自然是一个共同体。因此,敬畏自然、保护环境,让自然万物充分地、自由地生长,也就是保护人类自己,让人类整体健康地延续。

第二,要敬畏命运之天。"命"是中国传统文化中一个重要概念,是深藏在中国人心里的一个结。天命是客观的,也是主观的,主观的前提是客观。人的命运是不同的,出身、资质、才能等都不相同,这是客观的,应该正确认识,坦然面对,悦纳人生。敬畏命运,不能消极等待,不能怨天尤人,怨天则天必不许,尤人则人必不服。敬畏命运,要发挥主观能动性,通过后天的努力改善改变,保持"莫问收获,但问耕耘"的理性。

第三,要敬畏义理之天。义理之天的"天"指宇宙的最高原则,具有超越性。人们常说的天理、天道、"老天爷""人在做,天在看"就是义理之"天",具有道德属性,具有嘉善惩恶的特点。义理,就是行事准则,人们应敬畏这些准则,遵从这些准则。敬畏义理,就应该加强德行修养,坚持积善积德,因为"善恶终有报,天道好轮回。不信抬头看,苍天饶过谁"。

二、尊重规律

颜渊问为邦。子曰:"行夏之时,乘殷之辂(lù),服周之冕,乐则《韶》《舞》。放郑声,远佞(nìng)人。郑声淫,佞人殆。"(《论语·卫灵公》)

【释义】

颜渊问治理国家的方法。孔子说:"实行夏代的历法,乘殷代的车子,戴周代的礼帽,音乐用《韶》和《舞》,舍弃郑国的乐曲,疏远谄媚的人。郑国的乐曲浮靡,谄媚的人危险。"

子曰:"苗而不秀者有矣夫,秀而不实者有矣夫。"(《论语·子罕》)

【释义】

孔子说:"庄稼生长了,却不吐穗开花,吐穗开花了,却没有凝浆结实。"

"不时,不食。"(《论语·乡党》)

【释义】

不到应该吃的时候,不吃。

色斯举矣,翔而后集。曰:"山梁雌雉,时哉时哉!"子路共之,三嗅(嗅当为臭之误)而作。(《论语·乡党》)

【释义】

(孔子在山谷中行走,看见几只野鸡)孔子的脸色刚一动,野鸡便飞向空中,盘旋了一阵,又落在了一处。孔子说:"山野中的雌鸡,得其时啊! 得其时啊!"子路向它们拱拱手,它们又振一振翅膀飞走了。

子曰:"道千乘之国,敬事而信,节用而爱人,使民以时。"(《论语·学而》)

【释义】

孔子说:"治理拥有千辆兵车的国家,必须做到:谨慎处事,敬其职责,以诚信取信于民;节省资财,力戒奢靡,爱护百姓;征用劳力应体恤民力,不违农时。"

【感悟】

(1)**生态环境最重要**。生态环境是人类赖以生存与发展的前提和基础。我们每天呼吸的空气、饮用的水、吃的食物,都得益于大自然的馈赠,我们要感恩大自然。2020 年 9 月 30 日,习近平总书记在联合国生物多样性峰会上的讲话指出:"我们要站在对人类文明负责的高度,尊重自然、顺应自然、保护自然,探索人与自然和谐共生之路,促进经济发展与生态保护协调统一,共建繁荣、清洁、美丽的世界。"这一重要号召,应当成为全人类的共识和自觉行动。

（2）**尊重自然规律**。"行夏之时"指的是古代中国以夏朝历法为基准来安排时令活动,而后经过历代发展与完善,形成了现行的农历体系,其中包括一年四季二十四个节气的划分。这些节气不仅指导了农业生产,还使万物生长有了更为清晰的规律性。"苗而不秀,秀而不实"的情况存在,也是客观规律,不以人的意志为转移。"不时不食"体现了人类对饮食与自然规律的适应。中国古代的人们就认识到尊重自然规律、保护自然生态的重要性,古时制定的禁渔期就是典型的例子。

（3）**切实保护自然**。人类生存发展,需要有良好的自然环境和丰富的自然资源。法国作家雨果说:"大自然是善良的慈母,同时也是冷酷的屠夫。"自然资源并非取之不尽,用之不竭的。要学会保护和合理利用各种自然资源。破坏自然祸及千古,保护自然功盖千秋。人类应善待自然,自觉维护自然稳定,充当大自然的调节者,努力与自然达到和谐的境界。中国古代修建的都江堰工程,就是保护利用自然的一个典范。

三、珍爱生命

季路问事鬼神。子曰:"未能事人,焉能事鬼?"曰:"敢问死。"曰:"未知生,焉知死?"（《论语·先进》）

【释义】

季路请教祭祀鬼神的事情。孔子说:"不能够很好地侍奉活人,又怎么能够敬祭神灵呢?"子路又问:"人死后是怎么回事。"孔子说:"还没有好好了解生的道理,怎么能了解死的事情呢?"

子曰:"生,事之以礼;死,葬之以礼,祭之以礼。"（《论语·为政》）

【释义】

孔子说:"在父母有生之年,按照礼的要求侍奉他们;父母去世了,按照礼的要求埋葬他们、祭祀他们。"

子在川上曰:"逝者如斯夫! 不舍昼夜。"(《论语·子罕》)

【释义】

孔子在河边说:"那些逝去的时光就像这河水啊,日夜不停地流走。"

子不语:怪、力、乱、神。(《论语·述而》)

【释义】

孔子从来不谈论怪异、勇力、暴乱、鬼神。

【感悟】

(1)**生命是最珍贵的**。世界上没有任何东西能与生命相比,正如瞿秋白所说:"本来,生命只有一次,对于谁都是宝贵的。"每一个人都要珍惜生命,因为对个人而言,生命属于自己,而且只有一次;对他人而言,生命不只属于某个人自己,还属于最爱这个人的每一个人,比如父母兄弟、亲朋好友等等。

(2)**生死都是自然现象**。人生有生有死,皆为自然规律。自古以来,生死问题、鬼神问题是探索生命本质和探索宇宙奥秘的大问题,人们应秉持一种现实而理性的态度。对于暂时没弄清楚的问题,既不能盲从迷信,也不要简单否定。李商隐在《贾生》中写道:"可怜夜半虚前席,不问苍生问鬼神。"这提醒人们,努力把"生"过好,问苍生才是正道。

(3)**思想是行为的先导**。人们的一切行为都受思想的影响,"怪、力、乱、神"不仅扰乱和影响人们的思想,而且具有破坏性,它迎合的是人们固有的迷信心理和厌恶不平的怨气,它冲击的是人们已经建立起来的道德结构、行为规范和思想体系。人们只有树立坚定正确的思想信仰,才能消弭那些"怪、力、乱、神"之事。

（4）**生命是有限的**。人的生命是有限的,要珍惜每一天。"一寸光阴一寸金,寸金难买寸光阴。"青少年时期是人生的美丽季节,要珍惜少年时,莫惜金缕衣;要勤奋学习工作,莫虚度光阴。光阴似箭,日月如梭,要让分分秒秒都过得有价值、有意义。

四、节欲俭用

子曰:"君子食无求饱,居无求安,敏于事而慎于言,就有道而正焉。可谓好学也已。"(《论语·学而》)

【释义】

孔子说:"君子对于饮食没有过分的要求,对于居住之地也没有太多的讲究,对于工作反应机敏,但是言辞谨慎。求教于道德高尚的人来匡正自己,如此可以说是善于学习的人啊。"

林放问礼之本。子曰:"大哉问! 礼,与其奢也,宁俭;与其易也,宁戚。"(《论语·八佾》)

【释义】

林放请教礼的本质。孔子说:"你提的问题意义重大,问得好啊! 就礼来说,与其奢侈铺张,宁可朴素俭约。就丧礼来说,与其在仪式上面面俱到,不如内心真正悲伤。"

子曰:"奢则不孙(xùn,通逊),俭则固。与其不孙也,宁固。"(《论语·述而》)

【释义】

孔子说:"奢侈就会骄横不逊,俭约就会显得鄙陋。与其不逊,宁可鄙陋。"

【感悟】

（1）**生理需要是基本需求**。人不可能离开物质而生存,生理需要是人生存的基本需求,吃穿住行就是基本的生存问题。人不能仅仅满足于物质的享受,更不能无限追求物质的享受,否则就会被物质享受所软化、所腐蚀,从而沉迷其中,不能自拔。中国儿童故事《勿贪多》非常形象地告诉孩子们一个道理,贪多往往得不到。

（2）**树立节欲俭用的观念**。物质生活对人的身心都会产生影响,要理性面对。人应该树立节欲俭用的观念,生活上向低标准看齐,事业上向高标准看齐,做到勤勉好学、力求上进。人应该不断提高德行修养,富有时不能铺张浪费,更不能骄奢淫逸;贫困时不能牢骚满腹,更不能愤世嫉俗。随遇而安是一种生活境界。

（3）**礼的精神在于适宜**。在日常生活中,礼仪的重要性不仅体现在外在的行为上,更体现在内心对礼仪规范的认同与尊重上。礼的精神在于适宜适度,过分讲究形式上的排场,甚至铺张和奢靡,这些都是违背礼的本义的。一个人,真正的孝心应深植内心,真正的伤悲应发自内心,表面上的排场和作秀式的矫情,实质上都是虚伪的。一个社会,如果奢侈之风盛行,必将造成社会财富的巨大浪费,必将导致人心涣散和社会风气每况愈下。自古以来,庄重朴素、真诚节俭的社会风气,一直是社会稳定发展的根本。新时代的中国人,应当把"宁俭、宁戚、宁固"的优良礼仪传统赓续好、发扬好。

五、亲近自然

子曰:"知者乐水,仁者乐山。知者动,仁者静。知者乐,仁者寿。"
(《论语·雍也》)

【释义】

孔子说："智慧的人喜欢流动的水,仁德的人喜欢稳重的山。智慧的人勇于实践,仁德的人安于沉静。智慧的人快乐逍遥,仁德的人长寿安康。"

子曰:"岁寒,然后知松柏之后凋也。"(《论语·子罕》)

【释义】

孔子说："到了一年中最寒冷的季节,才知道松树、柏树的叶子凋零得最晚。"

【感悟】

(1)**自然山水可怡情**。人类生于大自然,食于大自然,乐于大自然。水是流动的,常常给人以快乐;山是宁静的,往往给人以平和。民族英雄林则徐被充军去伊犁途中写下了著名的诗作:"青山不墨千秋画,绿水无弦万古琴。青山有色花含笑,绿水无声鸟作歌。苦心未必天终负,辣手须妨人不堪。若能杯水如名淡,应信村茶比酒香。苟利国家生死以,岂因祸福避趋之。"这种寄情于山水的精神,值得我们细细体会。

(2)**人与自然和谐共生**。人与自然和谐共生是中华民族从古至今的美好理想。人类只有一个地球,地球上的自然资源是人类赖以生存的物质资源,很多资源是不可再生的。要加强生态伦理教育,从现在做起,从我做起,建设生态文明,涵养生态情怀,实现人与自然的和谐共生,实现人类的永续发展。

(3)**"乐山乐水"是一种情怀**。不断培养"乐山乐水"的情怀,首先,要淡泊明志,有"谋道不谋食"的人生志向;其次,要充满仁爱,有"泛爱众而亲仁"的心理自觉,爱护好山山水水,保护好生物多样性;最后,要扩充知识,增强欣赏大自然的知识能力,提升审美水平。

六、广施教化

子钓而不纲,弋不射宿。(《论语·述而》)

【释义】

孔子钓鱼,不用大网来捕鱼,射猎飞禽但不射归巢栖息的鸟。

子曰:"小子何莫学夫《诗》!《诗》可以兴,可以观,可以群,可以怨。迩之事父,远之事君,多识于鸟兽草木之名。"(《论语·阳货》)

【释义】

孔子说:"弟子们啊!为什么不学习《诗经》呢?《诗经》可以即景抒发感慨,可以用来考察风俗民情政理得失,可以用来交朋友,可以用来讥讽评论时事政治。近可以运用其中的道理来孝敬父母,远可以用来侍奉君主,还可以通过学习《诗经》认识许多鸟兽草木的名称。"

子曰:"禹,吾无间然矣。菲饮食而致孝乎鬼神,恶衣服而致美乎黻(fú)冕,卑宫室而尽力乎沟洫。禹,吾无间然矣。"(《论语·泰伯》)

【释义】

孔子说:"夏禹,我对他没有任何意见。他自己吃的饭菜粗疏,却把祭品办得很丰盛;他自己穿的衣服破旧,却把祭祀的礼服做得考究华美;他自己居住的房屋低矮窄小,却把力量全部用在疏导河流上。大禹啊,我对他没有任何意见。"

【感悟】

(1) **爱护动植物是应有的道德**。花草树木,皆为天生地长;虫鱼鸟兽,皆为大自然的精灵。生活在自然界的动植物具有各种各样的性情,它们的生命同我们一样值得珍惜,爱护动植物是人类应有的道德。唐代诗人白居易在《鸟》中写道:"谁道群生性命微?一般骨肉一般皮。劝君莫打枝头鸟,子在巢中望母归。"这首诗劝诫人们要爱惜小鸟,与它们和谐共处。

（2）**人与自然构成生命共同体**。山水林田湖草沙是一个生命共同体,人的命脉在田,田的命脉在水,水的命脉在山,山的命脉在土,土的命脉在林和草。"生态环境没有替代品,用之不觉,失之难存。"我们要认真学习践行习近平生态文明思想,增强生态文明意识,要"像保护眼睛一样保护生态环境,像对待生命一样对待生态环境。"

（3）**中国文化具有生态性质**。儒家对于动物、植物、土地、山脉、河流都有较强的生态性认识,提出了"爱人利物之谓仁""德至禽兽""泽及草木""恩至于土""恩至于水""仁者,以天地万物为一体"等命题,对当今生态文明建设都有现实的指导意义,要通过广泛开展生态文明教育,落实好生态理念和生态文明观。

内容小结

《论语》告诉我们的生态之道:敬畏上天、尊重规律、珍爱生命、节欲俭用、亲近自然、广施教化。

思考讨论

儒家认为:"断一树,杀一兽,不以其时,非孝也。"请谈谈你的看法。

延伸阅读

1. 中国的二十四节气

二十四节气是中国古代订立的一种用来指导农事的补充历法,是在春秋战国时期形成的。由于中国的阴历是一种"阴阳合历",根据太阳和月亮的运行周期制定的,因此不能完全反映太阳运行周期。但中国又是一个农业社会,农业需要严格了解太阳运行情况,农事完全根据太阳运行情况进行安排,所以在历法中又加入了单独反映太阳运行周期的"二十四节气",

用作确定闰月的标准。二十四节气能反映季节的变化，指导农事活动，影响着千家万户的衣食住行。二十四节气是根据太阳在黄道(即地球绕太阳公转的轨道)上的位置来划分的。

二十四节气的名称按次序列下：立春，雨水，惊蛰，春分，清明，谷雨；立夏，小满，芒种，夏至，小暑，大暑；立秋，处暑，白露，秋分，寒露，霜降；立冬，小雪，大雪，冬至，小寒，大寒。

二十四节气歌

春雨惊春清谷天，夏满芒夏暑相连。

秋处露秋寒霜降，冬雪雪冬小大寒。

每月两节不变更，最多相差一两天。

上半年来六廿一，下半年是八廿三。

二十四节气口诀

一月小寒接大寒，二月立春雨水连。

惊蛰春分在三月，清明谷雨四月天。

五月立夏和小满，六月芒种夏至连。

七月小暑和大暑，立秋处暑八月间。

九月白露接秋分，寒露霜降十月全。

立冬小雪十一月，大雪冬至迎新年。

2. 中国古代禁猎禁渔禁伐的规定

农耕文明诞生前，狩猎是人类生存的主要方式。滥捕滥食野生动物，严重破坏了生态环境。中国在夏商时代就有"夏三月，川泽不入网罟，以成鱼鳖之长"的规定，周代又有"川泽非时不入网罟，以成鱼鳖之长"的规定。西周王朝不仅设置了管理山林的官吏"虞"，《周礼·地官·山虞》曰："山虞掌山林之政令，物为之厉而为之守禁"，还出台了《伐崇令》："毋坏室，毋填井，毋伐树木，毋动六畜。有不如令者，死勿赦。"

春秋时期，各路诸侯争抢地盘，虽然大打出手，却对环境保护格外上心。《管子·地数》曰："有动封山者，罪死而不赦。有犯令者，左足入、左足断;右足入,右足断。"战国时期秦国颁布的《田律》堪称我国最早的"环境保护法"。《田律》载:"春二月,毋敢伐材木山林及雍堤水。不夏月,毋敢夜草为灰,取生荔麛鷽,毋……毒鱼鳖、置阱罔,到七月而纵之。"汉承秦制,汉律有关野生动物保护的条文有:"其令三辅毋得以春夏摘巢探卵,弹射飞鸟。"

甘肃祁连山北麓火焰山脚下悬泉置遗址出土文物中的《使者和中所督察诏书四时月令五十条》,被称为中国历史上最早、最完整的环境保护法。这封西汉平帝时以太皇太后名义颁布、安汉公王莽奏请和逐级下达的文书,主要围绕保护生态环境规定了四季的不同禁忌和注意事项,如禁止焚烧秸秆和荒山"谓烧山林田猎,伤害禽兽虫草木",禁止捕鸟"谓天蜚鸟不得使长大也,尽十二月常禁"。

此后各朝各代都有保护生态环境的相关法规。

3. 儿童故事——勿贪多

慈母教育顽儿的故事,全文34个字。瓶中有果。儿伸手入瓶。取之满握。拳不能出,手痛心急大哭。母曰:"汝勿贪多,拳可出矣。"

4. 世界文化遗产——都江堰工程

都江堰是世界文化遗产(2000年被联合国教科文组织列入世界文化遗产名录)、世界灌溉工程遗产、全国重点文物保护单位、国家级风景名胜区、国家AAAAA级旅游景区。

都江堰位于四川省成都市都江堰市城西,坐落在成都平原西部的岷江上,始建于秦昭王末年(约公元前256年—前251年),是蜀郡太守李冰父子在前人鳖灵开凿的基础上组织修建的大型水利工程,由分水鱼嘴、飞沙堰、宝瓶口等部分组成,两千多年来一直发挥着防洪灌溉的作用,使成都平原成为水旱从人、沃野千里的"天府之国",至今灌区已达30余县市、面积近千万亩,是全世界迄今为止年代最久、唯一留存、仍在一直使用、以无坝引水为特征的宏大水利工程,凝聚着中国古代劳动人民勤劳、勇敢、智慧的结晶。

都江堰是一个科学、完整、极富发展潜力的庞大的水利工程体系。都江堰渠首枢纽主要由岷江鱼嘴分水工程、飞沙堰溢洪排沙工程、宝瓶口引水工程等三大主体工程构成。三者有机配合,相互制约,协调运行,引水灌田,分洪减灾,具有"分四六,平潦旱"的功效。

都江堰的创建,开创了中国古代水利史上的新纪元,标志着中国水利史进入了一个新阶段,是全世界迄今为止仅存的一项伟大的生态工程。1872年,德国地理学家李希霍芬(Richthofen,1833—1905)称赞"都江堰灌溉方法之完善,世界各地无与伦比"。1986年,国际灌排委员会秘书长弗朗杰姆和国际河流泥沙学术会的各国专家参观都江堰后,对都江堰科学的灌溉和排沙功能给予高度评价。2000年,都江堰水利工程获联合国"最佳水资源利用和处理奖"。

《论语》里的君子之道

君子与小人,古今的含义和用法有所不同。古代所谓的君子,一般有三种含义:其一,指统治者和贵族男子,这是君子的本义;其二,指道德修养好的人;其三,可作为妻子对丈夫的一种称谓。古代所谓的小人,一般也有三种含义:其一,指地位低下的人;其二,指人格卑鄙或见识短浅的人;其三,也可作为个人的谦辞。在《论语》中,"君子"一词出现了107次,仅次于出现109次的"仁"字。儒家文化的一个重要主题就是探讨如何成为君子,即所谓的"君子之道"。《论语》中"君子"和"小人"同时出现在对比句式中有19次,对比句式是想清楚明确地告诉人们怎么样提高道德学问修养,努力成为一名真正的君子。

以德润身,温婉如玉。

心怀敬畏,常存戒惧。

庄重矜持,融入群体。

坦荡无私,自然而然。

善于共事,容易相处。

敬人之长,用人所长。

乐于助人,成人之美。

子曰:"君子怀德,小人怀土;君子怀刑,小人怀惠。"(《论语·里仁》)

【释义】

孔子说:"君子致力于德行的修养,小人看重于生活的安逸;君子关心法度,小人关心私利。"

子曰:"君子喻于义,小人喻于利。"(《论语·里仁》)

【释义】

孔子说:"君子知晓的是义,小人懂得的是利。"

子曰:"君子上达,小人下达。"(《论语·宪问》)

【释义】

孔子说:"君子追求德义,小人追逐财利。"

孔子对曰:"君子之德风,小人之德草。草上之风,必偃。"(《论语·颜渊》)

【释义】

孔子回答说:"君子的德行就像风,小人的德行就像草。风吹草动,草一定会倒。"

【感悟】

(1)**德行修为是终身课题。**每一个人都要勤修德行,一言一行,从内到外,尊德性而笃学问,守住做人做事底线,绝不损人利己。要涵养高尚情操,丰富精神追求,胸怀远大理想。要学习君子风范,善道人之善,善成人之美。

（2）**树立正确的义利观**。对待义和利的态度，是区分君子和小人的试金石。从古至今，如果一个人想成为君子，都应该树立重义轻利、利服从义的义利观。做一个君子，就要以道义为先，做到以义而行。当一个小人，就会以利益为重，最终奔利而亡。

（3）**人无德不立**。中国人历来讲究德行修为，正所谓"君子怀德，斯人如玉"。治理国家和管理社会都要施行德政，领导者要以身作则，用自己的言行来教化民众。古代社会提倡人人都要修养"仁、义、礼、智、信"的品格，这些品格在当今社会并没有过时，应当传承发扬。新时代的中国社会，提倡人人都要践行社会主义核心价值观，这不仅是对中国优秀传统的赓续，而且社会主义核心价值观本身就是一种美德的体现。

（4）**自重方有尊严**。古人说："山自重，不失之威峻；海自重，不失之雄浑；人自重，不失之尊严。"新时代的大学生要修养君子之德，应当不断修炼"守职而不废"的责任担当，不断修炼"俯首甘为孺子牛"的奉献精神，不断修炼"一枝一叶总关情"的为民情怀。

二、心怀戒惧

子曰："君子固穷，小人穷斯滥矣。"（《论语·卫灵公》）

【释义】

孔子说："君子穷困潦倒时仍然坚守道德原则，小人穷愁困顿时便胡作非为了。"

子曰："君子义以为上。君子有勇而无义为乱，小人有勇而无义为盗。"（《论语·阳货》）

【释义】

孔子说:"君子以大义为上德。君子只有勇敢而不顾道义就会作乱,小人只有勇敢而不守正义则必沦为强盗。"

【感悟】

(1)**敬畏是人生的大智慧**。敬畏不仅是一种人生态度,而且是一种行为准则。怀有敬畏之心,能让人懂得自警和自省,规范和约束言行举止。怀有敬畏之心,能让人保持内心的清净,守住道德底线。一个人,一旦没有敬畏之心,就会变得肆无忌惮,为所欲为,最终会毁掉自己。

(2)**随遇而安是一种境界**。人总会遇到不同境遇,随遇而安是传统文化中理想人格的内核之一,也是一种难得的人生操守。古人所谓素富贵和素贫贱强调的就是这种操守。有了这种操守,人就会处变不惊,就能随遇而安,既可以安于贫困,也可以安于富贵,达到孟子提倡的"富贵不能淫,贫贱不能移,威武不能屈"的境界。

(3)**处事须分清是非善恶**。不管在什么时候,不管做什么事情,都要分清是非善恶和利害关系。要把义作为做人处事的基本要素和价值取向,用正确的义利观进行分析权衡,做到动机纯洁,处事公正,见利思义,取财有道。

三、庄矜合群

子曰:"君子周而不比,小人比而不周。"(《论语·为政》)

【释义】

孔子说:"君子之交是互相团结但不勾结,小人则是相互勾结而不团结。"

子曰:"君子和而不同,小人同而不和。"(《论语·子路》)

【释义】

孔子说:"君子追求的是和谐而不是苟同,小人之间只是苟同而不是和谐。"

【感悟】

(1)**团结需要求同存异**。人具有社会性,离不开他人,也离不开社会,要培养自己的适应能力,融入人群,融入社会,建立良好的人际关系,做到合群乐群。人们在团队中,对事物的看法可以各有不同,观点可以各有所异,但要彼此尊重,只有求同存异,才能团结一致;只有相互信任,才能产生力量。

(2)**为人应该重德守信**。人生在世,都会遇到很多事情,面临很多关系,处理任何事务都要分清是非曲直,都要重德守信。做人做事不能掺杂私欲,不能凭个人好恶,不能失德失信。

(3)**做人应该表里如一**。一个人如果表面一套背后一套,是令人厌恶的。表里如一是做人的一个基本准则,表面团结和谐,看似观点一致,背后却评头论足、传播是非,这些做法是虚伪的,是不可取的。

(4)**日久见人心**。时间能识人,落难见人心。在人际交往中,平日称兄道弟的、诸事附和的,未必是值得信赖的。要谨记"路遥知马力,日久见人心"。

四、坦然自若

子曰:"君子坦荡荡,小人长戚戚。"(《论语·述而》)

【释义】

孔子说:"君子心胸宽广坦荡,小人则常常局促忧愁。"

子曰:"君子泰而不骄,小人骄而不泰。"(《论语·子路》)

【释义】

孔子说:"君子安静坦然但不骄矜恣肆,小人骄矜恣肆但不能安静坦然。"

【感悟】

(1)**心底无私天地宽**。清代周希陶修订的《增广贤文》中有一句名言:"良田万顷,日食一升。大厦千间,夜眠八尺。"这句话很有影响,告诉人们要知足,要克服膨胀的欲望,保持日常的生活状态。人们都知道,平平淡淡才是真,从从容容才是好。

(2)**保持定力,宁静而乐**。《大学》开篇讲道:"知止而后有定,定而后能静,静而后能安,安而后能虑,虑而后能得。"这句话意思是说,能够知其所止,止于至善,然后意志才有定力;有了定力,心才能静下来,才不会妄动;心不妄动,才能随遇而安;随遇而安,才能处事精当思虑周详,才能达到至善的境界。要做到泰然自若,需要找准自己的人生坐标,充分了解自己所处的位置,才能做到心中有数。要管理好自己的情绪,经历过风风雨雨,才能形成处变不惊的定力。修身养性做一个君子,要学习花中四君子。为人处世,要无愧于心,做到"仰不愧于天,俯不怍于人",成就人生的一大快乐。

✐ 五、易事易处

子曰:"君子易事而难说也。说之不以道不说也;及其使人也器之;小人难事而易说也,说之虽不以道说也;及其使人也求备焉。"(《论语·子路》)

【释义】

孔子说:"君子相处做事容易,但是难以取得他的喜欢。用不合乎道义的行为取悦他,他是不会高兴的。他用人的时候,总是量才而用。小人相处做事难,但是却容易讨得他的喜欢。虽然是以不合乎道义的行为讨好他,他却感到高兴。他用人的时候,总是求全责备。"

子夏曰:"君子有三变:望之俨然,即之也温,听其言也厉。"(《论语·子张》)

【释义】

子夏说:"君子有三变:远望着庄严令人敬畏;走近又显得和蔼可亲;听他说话,则严厉不苟。"

子曰:"君子求诸己,小人求诸人。"(《论语·卫灵公》)

【释义】

孔子说:"君子要求于自己,小人则苛求别人。"

【感悟】

(1)**共事当以事业为重**。人与人共事,相互合作是很重要的。在合作中自我要严格要求,同时要多看到别人好的一面。既不能凭个人好恶,也不能情绪用事。合作既要想干事、能干事,更要干成事。

(2)**好话未必是真的**。人人都喜欢听奉承的话,但是奉承的话未必是真心真语。俗话说,良药苦口利于病,忠言逆耳利于行。宋真宗时的宰相寇准为官忠烈,为人正直,在大臣丁谓开口奉承时,讽喻其为溜须的宰相。"溜须"一词流传至今,与"拍马"结合成为一个成语——溜须拍马,其意思妇孺皆知。

(3)**多从自身找原因**。在工作中,我们要严于律己,坚持公道正派,坚守忠恕之道,出了问题多从自身找原因,少指责别人,这样问题就好解决了,与人共事就和谐了,相处也容易了。

六、敬人所长

子谓子夏曰:"女为君子儒,无为小人儒。"(《论语·雍也》)

【释义】

孔子告诫子夏说:"你应该努力去做君子式的儒者,不要做小人式的儒者。"

子曰:"君子不可小知而可大受也,小人不可大受而可小知也。"(《论语·卫灵公》)

【释义】

孔子说:"君子不从小事情来察知君子,但可以授予重任。小人不可以承担重任,但是可以利用他的小聪明。"

【感悟】

(1)**要重德行守大节**。人要不断提高德行修为,大节要固守,心胸要开阔。要有大格局,不能总是拘泥于小节,不能总是患得患失。要有真学问,不能装腔作势,不能玩弄小聪明。

(2)**相信自己有所长**。人要对自己有信心,认清自己的才能,大才小才都是才。大才能够做大事,小才能够做小事,只要愿意做事,勤奋做事,同样能成功,同样能体现自己的价值,同样是为社会作贡献。

(3)**尊重别人之所长**。人人都有自己的特点和长处,要善于发现别人的闪光点。人的才能各不相同,要善用人的长处,扬长避短,就能办成一些难办的事情。孟尝君门客的鸡鸣狗盗故事就是一个范例。

七、成人之美

子曰："君子而不仁者有矣夫,未有小人而仁者也。"(《论语·宪问》)

【释义】

孔子说："君子之中也许有不仁的人吧,但小人之中却不会有仁人。"

【感悟】

(1)**助人为善之谓美**。成人之美,"美"是关键。一般而言,成人之美的"美"是指别人美好的或善良的愿望或计划,最起码是对他人和社会无害的事情。成人之美是帮助别人达成美好的或善良的愿望,如果是帮助别人干坏事,那就不叫成人之美,而是"助纣为虐"。因此,明辨美丑、善恶非常重要,这样才能更好地弘扬美善、抑制丑恶,让社会变得更加美好。

(2)**积德行善有余庆**。帮助别人达成善良愿望,是儒家"推己及人"修养的一种具体实践,它体现在对别人的关怀和尊重,是一种博大的人文情怀,是积德行善的修养路径。现实生活中有一种现象,见不得别人过得好,由此产生出嫉妒、破坏的欲念。这种心理是阴暗的、可怕的。积德行善的重要任务之一就要克服这种心理,清除心中之"贼"。

(3)**成人之美有境界**。一般来说,成人之美有两种境界:一是在成全别人的同时也成全了自己;二是为别人创造成功条件的同时并不能给自己带来好处。前一种做起来并不太难,后一种一般人是做不到的,这正是修养君子之德应当重点做的功课。

内容小结

《论语》告诉我们的君子之道:以德润身、心怀戒惧、庄矜合群、坦然若素、易事易处、敬人所长、成人之美。

思考讨论

子曰："质胜文则野,文胜质则史。文质彬彬,然后君子。"谈谈你对这句话的理解。

延伸阅读

1.花中四君子

梅花、兰花、竹子、菊花,被称为"四君子"。梅、兰、竹、菊成为中国人感物喻志的象征,分别代表傲、幽、坚、淡的品质。梅、兰、竹、菊也是咏物诗和文人画中最常见的题材,正是根源于对这种审美人格境界的神往,也是咏物诗文和艺人字画中常见的题材,号称花中四君子。四君子各有特色,古往今来咏四君子的诗词不胜枚举。

四君子各有特色:

梅:探波傲雪,剪雪裁冰,一身傲骨,是为高洁志士。

兰:空谷幽放,孤芳自赏,香雅怡情,是为世上贤达。

竹:筛风弄月,潇洒一生,清雅淡泊,是为谦谦君子。

菊:凌霜飘逸,特立独行,不趋炎势,是为世外隐士。

咏四君子的古诗:

梅花

[唐]王安石

墙角数枝梅,凌寒独自开。

遥知不是雪,为有暗香来。

古风其三十八

[唐]李白

孤兰生幽园,众草共芜没。

虽照阳春晖,复悲高秋月。

飞霜早淅沥,绿艳恐休歇。

若无清风吹,香气为谁发。

题刘秀才新竹

[唐]杜牧

数茎幽玉色,晓夕翠烟分。

声破寒窗梦,根穿绿藓纹。

渐笼当槛日,欲碍入帘云。

不是山阴客,何人爱此君。

咏菊

[唐]黄巢

待到秋来九月八,我花开后百花杀。

冲天香阵透长安,满城尽带黄金甲。

2. 孟尝君逃离秦国的故事

战国时期,齐国的孟尝君喜欢招纳各种人做门客,号称宾客三千。他对宾客是来者不拒,有才能的让他们各尽其能,没有才能的也提供食宿。

有一次,孟尝君率领众宾客出使秦国。秦昭王将他留下,想让他当相国。孟尝君不敢得罪秦昭王,只好留下来。不久,大臣们劝秦王说:"留下孟尝君对秦国是不利的,他出身王族,在齐国有封地、有家人,怎么会真心为秦国办事呢?"秦昭王觉得有理,便改变了主意,把孟尝君和他的手下人软禁起来,只等找个借口杀掉。

秦昭王有个深受宠爱的妃子,只要妃子说一,昭王绝不说二。孟尝君派人去求她救助。妃子答应了,条件是拿齐国那一件天下无双的狐白裘(用白色狐腋的皮毛做成的皮衣)做报酬。这可叫孟尝君犯难了,因为刚到秦国,他便把这件白狐裘献给了秦昭王。就在这时候,有一个门客说:"我能把狐白裘找来!"说完就走了。

原来这个门客最善于钻狗洞偷东西。他先摸清情况,知道昭王特别喜爱那件狐裘,一时舍不得穿,放在宫中的精品贮藏室里。他便借着月光,逃过巡逻人的眼睛,轻易地钻进贮藏室把狐裘偷出来。妃子见到狐白裘高兴极了,想方设法说服秦昭王放弃了杀孟尝君的念头,并准备过两天为他饯行,送他回齐国。

孟尝君可不敢再等过两天,立即率领手下人连夜偷偷骑马向东快奔。到了函谷关(在现在河南省灵宝市,当时是秦国的东大门)正是半夜。按秦国法规,函谷关每天鸡叫才开门,半夜时候,鸡可怎么能叫呢?大家正犯愁时,只听见几声"喔,喔,喔"的雄鸡啼鸣,接着,城关外的雄鸡都打鸣了。原来,孟尝君的另一个门客会学鸡叫,而鸡是只要听到第一声啼叫就会立刻跟着叫起来的。怎么还没睡踏实鸡就叫了呢?守关的士兵虽然觉得奇怪,但也只得起来打开关门,放他们出去。

天亮了,秦昭王得知孟尝君一行已经逃走,立刻派出人马追赶。追到函谷关时,孟尝君一行已经出关多时了。后来,孟尝君顺利回到了齐国。

3. 溜须拍马的故事

溜须的由来:宋真宗时,丁谓为副宰相,当时的宰相是寇准。二人在一次吃饭时,寇准的胡须上沾了一些饭粒,丁谓赶忙卑恭地凑上前去,伸出手轻轻地为寇准溜胡须,还谄媚地夸赞寇准的胡须非常漂亮。寇准大笑道:"怎么?难道世间还有替人溜须的宰相吗?"自此,丁谓成了中国历史上有名的溜须宰相。"溜须"一词就有了献媚的新意。

拍马的由来:拍马原来是北方少数民族的一种礼节。他们在路上相遇时,便下马闲谈,互相拍拍马的屁股,说一句"马养得真壮实啊",仅此而已。类似朋友见面拍下肩膀,握手寒暄。后来演变成"拍马"说奉承恭维话。显赫的主子们骑在马上,奴才替主子拍马,尽显服侍周到的献媚本色,与"溜须"有异曲同工之效,这才合成了"溜须拍马"一词。